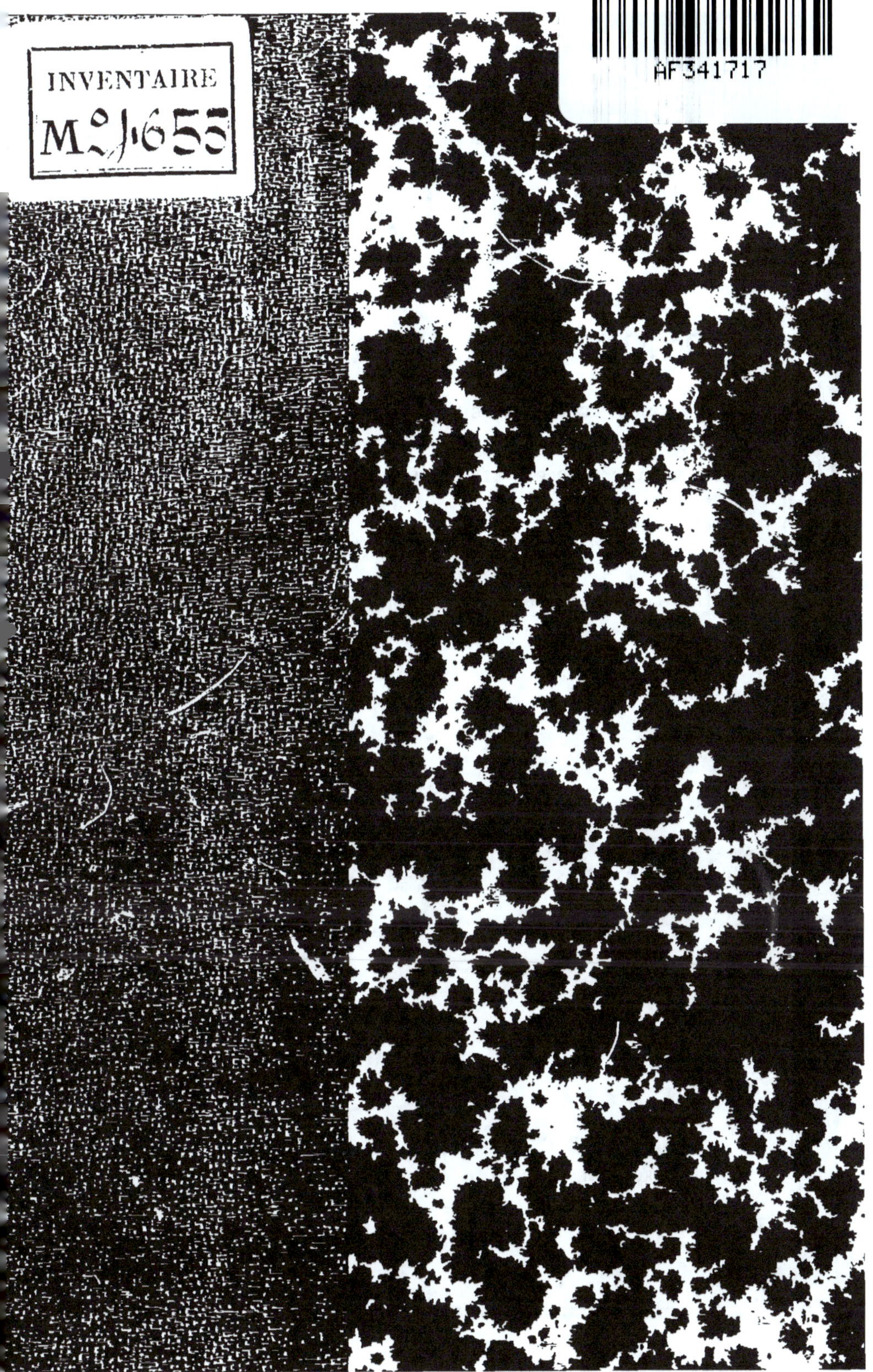

MÉMOIRE

SUR LES

NÉGOCIATIONS DANS LE NORD

ET SUR CE QUI S'EST PASSÉ DE PLUS IMPORTANT ET DE PLUS SECRET
PENDANT LE COURS DE LA GUERRE DE VINGT ANNÉES DONT CETTE
PARTIE DE L'EUROPE A ÉTÉ AGITÉE DE 1679 A 1719

PAR M. DE CAMPREDON

Ministre plénipotentiaire du Roy et médiateur pour S. M. de tous les
traités de paix.

EXTRAIT DU CABINET HISTORIQUE

PARIS

DIDIER ET Cⁱᵉ | ALB. HÉROD
QUAI DES AUGUSTINS, 35 | RUE RICHELIEU, 67

1864

MÉMOIRE

SUR LES

NÉGOCIATIONS DANS LE NORD

ET SUR CE QUI S'EST PASSÉ DE PLUS IMPORTANT ET DE PLUS SECRET PENDANT LE COURS DE LA GUERRE DE VINGT ANNÉES DONT CETTE PARTIE DE L'EUROPE A ÉTÉ AGITÉE DE 1679 A 1719.

PAR M. DE CAMPREDON

Ministre plénipotentiaire du Roy et médiateur pour S. M de tous les traités de paix.

EXTRAIT DU CABINET HISTORIQUE

PARIS

DIDIER ET Cie | ALB. HÉROD

QUAI DES AUGUSTINS, 35 | RUE RICHELIEU, 67

1864

A M. LE DIRECTEUR DU *CABINET HISTORIQUE*.

Dijon, novembre 1858.

Monsieur,

Le mémoire que j'ai l'honneur de vous transmettre est de M. de Campredon, ministre de Louis XIV près des cours du Nord, lors des fameuses conférences qui précédèrent le dernier traité par lequel la paix fut rendue à la France, et qui sont la matière principale des *Mémoires* de M. de Torcy. Ce mémoire pourroit même servir de commentaire à ceux de Torcy. Je le tiens de feu M. Borne, notaire à Dijon, qui en étoit devenu possesseur, dans la succession de deux demoiselles de Bretaigne dont il géroit les affaires. Voici le peu que j'ai pu recueillir de lui. — Ce récit étoit accompagné de quelques autres pièces qui avoient rapport à la Turquie, où M. de Campredon fut ambassadeur, apparemment après la paix. M. Borne, en me remettant le *Mémoire sur les cours du Nord,* me dit qu'il avoit confié les pièces qui concernoient la Turquie à M. Bertin lui-même, directeur-propriétaire du *Journal des Débats.* — Je ne sache pas que MM. des *Débats* aient fait emploi des pièces que M. Borne leur avoit remises. Dans ce cas, il seroit bien à propos de les réunir à celle que je vous transmets, et de les publier sous le titre de *Mémoires ou négociations de M. de Campredon.* C'est à vous sans doute que cette publication appartiendroit.

Quant au mémoire que je vous adresse, et qui ne paroît pas achevé, vous y trouverez des notions curieuses sur les cours du Nord, sur l'état de la Suède après la mort du conquérant suédois, qui, comme beaucoup d'autres conquérants, n'a laissé que des ruines à son pays ; et encore sur les difficultés, et pour parler vulgairement, sur les couleuvres que les négociateurs de Louis XIV eurent à digérer, avant d'arriver à un accord un peu plus humain. Une chose ressort encore de ces mémoires, c'est d'une part, que Louis XIV, si malheureux dans le choix de ses généraux, en cette triste guerre de la succession, fut mieux servi jusqu'à la fin par ses négociateurs ; et d'autre part que des esprits moyens, mais estimables, sages, judicieux, comme l'ont été M. de Campredon, à peu près ignoré aujourd'hui, et M. de Torcy, valent souvent mieux que les grands talents pour la réussite et conclusion des affaires.

Il me semble, en effet, que M. de Campredon n'a pas laissé un grand souvenir de lui parmi les négociateurs françois de ce siècle, et pourtant, je le répète, il se montre ici, comme M de Torcy, homme sage, judicieux et patient, ainsi qu'il le falloit dans ces tristes conjonctures. Je me rappelle seulement que Duclos, dans ses Mémoires, a donné quelques renseignements sur sa personne. — Quant aux demoiselles de Bretaigne, chez qui se sont trouvés ces papiers si longtemps oubliés, j'ignore à quel titre elles les possédoient. Étoient-elles alliées à la famille Campredon qui, je crois, étoit étrangère à notre province ? Je ne sais. Les Bretaigne appartenoient au parlement de Bourgogne. Un conseiller de Bretaigne est, au XVIe siècle, l'un des commentateurs de la coutume de Bourgogne. Une grand'-mère de Bossuet étoit une Bretaigne, et j'ai vu, dans ma jeunesse, un comte de Bretaigne, le frère de ces vieilles et nobles demoiselles. Cette famille tenoit donc encore un certain rang chez nous, bien qu'elle fût dans une médiocre position de fortune.

Voilà, monsieur, les foibles notions que je puis vous donner sur notre manuscrit. Il est de la main d'un secrétaire, mais vous remarquerez des corrections marginales qui ne peuvent appartenir qu'à la plume de l'auteur. Vous en verrez quelques-unes parmi ces dernières, où l'auteur éclaircit son texte : celles-là doivent être conservées et intercalées ; et d'autres où il l'affoiblit, particulièrement au sujet du prince de Hesse-Cassel, successeur de Charles XII. Je crois, en ce dernier cas, qu'il faut rétablir le texte primitif. C'est la pensée première de l'auteur ; et le correctif qu'il y a mis, par ménagement ou circonspection, n'est plus de saison.

Je remets ces indications à votre discrétion, et suis heureux, monsieur, de saisir cette occasion de me rappeler à votre souvenir, et de vous exprimer les sentiments de parfaite estime avec lesquels j'ai l'honneur d'être, etc.

FRANTIN.

MÉMOIRE DE M. DE CAMPREDON

SUR LES NÉGOCIATIONS DU NORD.

Je puis dire avoir esté élevé dans le maniement des affaires étrangères; je suis entré dans cette carrière à l'âge de vingt ans, ayant servy de secrétaire d'ambassade, depuis 1693, en Danemark et en Hollande, auprès de M. de Bonrepos.

Pendant un voyage qu'il fit à la cour, en 1698, il me laissa à La Haye, chargé des affaires du Roy, conjointement avec M. le marquis de Bonac, son neveu. Ce dernier fut envoyé à Wolfenbutel pour maintenir le duc Antoine Ulrick dans le party opposant au neuvième électorat, au moyen des subsides de la France. Ils devoient estre employés à lever quelques régiments pour la défense des États de Brunswick contre le duc de Hannower, armé et soutenu par la cour de Vienne. M. Dusson, lieutenant général, passa à Wolfenbutel pour avoir le commandement de ces troupes. Elles furent bientôt dissipées par les menaces de l'Empereur et de la ligue formée en sa faveur, pour s'opposer aux desseins du feu Roy, qui venoit d'accepter le testament du roy d'Espagne, appelant M. le duc d'Anjou à la monarchie universelle de ses États.

Charles XII estoit encore alors sous la tutelle de la Reine douairière Léonor, de la maison d'Holstein, sa grand'mère. Cette princesse estoit à la teste de la cour : ses sentiments et ses vœux tendoient tous, à la vérité, à secourir la maison où elle avoit pris naissance ; mais ils ne déterminoient pas un roy mineur et un royaume affoibli par la famine affreuse qui duroit encore. La situation délicate des affaires générales de l'Europe, un soupçon fondé en expérience du peu de fidélité des czars de Moscovie à observer leurs traités, estoient des considérations dont l'importance, jointe à la lenteur naturelle des Suédois, retardoient ses résolutions. Ces dilatations avoient réduit le duc de Holstein aux dernières extrémités. Il n'estoit pas en estat de faire teste aux Danois. Leurs troupes, déjà maîtresses des trois forts qu'il avoit fait construire contre les pactes de famille, menaçoient tout le duché d'une invasion générale. Il n'y avoit plus de ressources qu'en un prompt et puissant secours du côté de la Suède. Il prit le parti de s'y rendre, et il arriva à Stockholm au commencement de l'année 1699. Il reconnut bientôt par luy mesme que le point capital estoit de mettre fin à la régence. Il y réussit, et le premier acte de la souveraine autorité de Charles XII fut une intimation au roi de Danemark de retirer les troupes de devant les forts du duc de Holstein. L'on estoit si assuré de son refus, qu'à peine en eut-on reçu la nouvelle, que la guerre luy fut déclarée, de concert avec l'Angleterre, la Hollande, et les électeurs du cercle de la Basse-Saxe, leurs alliés et cogarants du traité d'Altenau, du 6 may 1689, conclu entre Christian V, roi de Danemark, et le duc de Holstein, père de celuy-cy ; mais un motif plus puissant que cette garantie fit agir les puissances.

Elles estoient sur le point de faire la guerre à la France, à l'occasion de la succession d'Espagne ; elles vouloient, à quelque prix que ce fût, terminer dans peu ce différend, dont elles craignoient avec raison que la durée n'épuisât les forces de plusieurs de leurs associés d'Allemagne. Elles en avoient un besoin indispensable, surtout la république de Hollande, qui, comme on le sait assez, ne peut soutenir aucun engagement, par la voye des armes de terre, qu'avec les troupes auxiliaires qu'elle achète des rois du Nord ou des princes de l'empire.

Charles XII fit équiper une flotte qui fut parfaitement bien servie. Il fit une descente en Zélande au commencement de l'année 1700. Elle estoit appuyée des escadres d'Angleterre et de Hollande, tandis que l'Empereur, l'électeur de Brandebourg et les princes de la maison de Brunswick, par les raisons que je viens d'expliquer, mirent leurs troupes en mouvement pour contraindre le roy de Danemark à rendre justice au duc de Holstein. L'effet suivit de près la menace. Les Danois se soumirent, c'est tout ce qu'on demandoit d'eux. Par le traité de Travendale, le duc de Holstein obtint ce qu'il désiroit, c'est-à-dire une satisfaction pour les frais de la guerre, mais à condition que les forts construits contre la teneur des pactes de famille ne seroient point rétablis, et pour dédommager le roi de Danemark de sa levée de boucliers, les alliés prirent à leur service 12,000 hommes de ses troupes.

L'exécution de ce traité fut aussy prompte qu'exacte. Il estoit important aux ennemis de la France de renvoyer le roy de Suède au delà du Sund. Il se rendit à Stockholm au mois d'octobre de la mesme année 1700 et passa d'abord en Ingrie, à la teste de 8,000 hommes qu'on avoit rassemblés avec beaucoup de peine. Il s'agissoit de s'opposer en mesme temps au czar de Moscovie et au roy Auguste qui, l'un et l'autre, après avoir assuré Charles XII, par leurs ministres, de la continuation de leur amitié dans le temps qu'il s'embarquoit pour passer en Zélande, luy déclarèrent la guerre avant la fin de cette expédition, sur des prétextes si légers qu'on voyoit bien que leur conduite n'avoit d'autre fondement que l'espérance de faire des conquestes faciles sur un royaume gouverné, comme ils disoient, par un enfant, et affligé par une famine presque générale. Le czar avoit assiégé Narva, capitale de l'Ingrie, avec une armée de 80,000 hommes, et le roi Auguste l'importante

place de Riga, capitale de la Livonie. Charles XII attaqua le
premier dans ses retranchements, au mois de novembre 1700.
Il défit les Moscovites, donna la liberté à une infinité de pri-
sonniers, gardant seulement les officiers et délivra Narva.

De là, il passa en Livonie, chassa les Saxons de devant Riga
et les poursuivit en Courlande.

Telle estoit la scituation des affaires, en Suède, lorsque M. le
comte de Guiscard, qui estoit alors ambassadeur de France auprès de Charles XII, ayant déplu à ce prince, fut rappelé.
M. de Bonac fut nommé pour le remplacer en qualité d'envoyé
extraordinaire. Il l'avoit joint avant son départ de Wolfem-
butel; il eut son audience dans la tente de Charles XII, au
milieu des neiges, tandis que le duc de Holstein, le comte Piper
et les autres généraux estoient logés dans de bons châteaux.
La réception de l'envoyé, dont je fus témoin, n'eut rien de re-
marquable, que beaucoup de hauteur de la part du roy de
Suède. Un des officiers dit mesme, assez haut pour que je l'en-
tendisse, que ce drôle d'homme, désignant l'envoyé, préten-
doit en imposer par ses beaux discours. Nous allâmes dîner
chez le comte Piper, premier ministre; il fit entendre à M. de
Bonac que le roy de Suède n'estoit pas en scituation de souffrir
des ministres étrangers à sa suite, et que, devant décamper
dans peu avec son armée, il le prioit de se rendre à Riga, ville
capitale de la Livonie, où estoient ceux de l'Empereur et de
Hollande.

J'avois fait connoissance avec M. de Coderhielm, secrétaire
confident du comte Piper, et avec plusieurs officiers suédois,
qui avoient servy en France. Le comte Dukert, aide de camp
du Roy, estoit de ce nombre. M. de Bonac le sçavoit bien auprès de son maître, et propre à luy parler des propositions dont
il estoit chargé. Il comptoit aussy de trouver de bonnes dispositions dans le duc de Holstein, beau-frère de Charles XII, qui
avoit un traité secret avec la France. Ce dernier s'excusa sur

la conjoncture. M. de Bonac partit pour Riga ; le roy de Suède partit, de son costé, presque seul, traversa la Lithuanie et poussa jusqu'à Varsovie, où l'on prétend qu'il eut une conférence secrète avec le cardinal Radzowieski, primat de Pologne, chef du party opposé au roy Auguste, et actuellement en traitté avec les Suédois pour l'expulsion de ce prince. Ces faits, leur progrès et leur exécution, fruit du succès des armes suédoises contre le roy Auguste et contre les Moscovites, sont assez connus par les relations publiques. Ainsy je n'en grossiray point ces mémoires. Par ordre de M. le marquis de Torcy, alors ministre des affaires étrangères, M. de Bonac me laissa en Courlande, pour veiller aux mouvements de l'armée suédoise, et pour rendre compte de ce que j'apprendrois du sort de Charles XII, dont on n'avoit point de nouvelles depuis un mois. Il revint enfin vers la fin de février 1700, après avoir couru plusieurs fois risque d'estre enlevé, ou assassiné par les partis ennemis. Et à combien d'autres dangers ne s'estoit-il pas exposé de gayeté de cœur, en traversant des étangs à la nage, pour abréger le chemin qui conduisoit au quartier de M. Stuvert, directeur général des fortifications. Les Courlandois avoient coupé les digues de ces étangs, et tendu à travers de celuy où il passoit le plus souvent un filet sous l'eau. Il y périssoit, si l'aide de camp qui le suivoit ne s'en fût aperçu. J'ai vu ce prince se livrer à vingt aventures de cette espèce, pour marquer son mépris des périls, tomber dans l'eau en plein hyver, et rester toute la journée sans changer d'habit ; en sorte que toutte l'Europe estoit attentive à la destinée d'un guerrier qui ménageoit aussy peu sa personne pendant le repos de son armée, que lorsqu'il la faisoit agir. — Il estoit de la dernière importance, au service du Roy, d'avoir quelqu'un à sa suite, à portée de l'informer des événements : c'est à quoi la cour m'avoit destiné.

Peu de jours après le retour de Charles XII, il se mit en

marche avec l'avant-garde de son armée. J'appris que son dessein estoit de traverser la Lithuanie par le chemin qu'il avoit reconnu; que son traitté avec le primat estoit conclu, et que sa résolution estoit prise de détrhôner le roy Auguste. J'en informai en droiture la cour, en mesme temps que M. de Bonac, et que je tâcherois de suivre l'armée, ainsy qu'il m'estoit ordonné; mais le comte Piper me dit que le Roy, son maître, ayant envoyé à Riga tout ce qui avoit l'air de ministre de quelque puissance étrangère, luy avoit ordonné de me traitter de mesme, et que d'ailleurs pendant une marche tumultueuse et rapide, dans une saison encore très-rude, il ne se présenteroit aucune occasion de parler d'affaires.

Huit jours après mon arrivée à Riga, M. de Bonac receut ordre de me renvoyer à la suite de l'armée suédoise, de tout tenter pour joindre au moins le duc de Holstein, et le solliciter à tenir la promesse qu'il avoit donnée d'employer tout son crédit auprès du roy de Suède pour qu'il se déclarât médiateur entre la France et ses ennemis, offrant à ce prince l'arbitrage des conditions de la paix. Je partis le 8 mars, à cheval, avec deux domestiques. M. de Bonac envoyoit un fort beau cheval au comte Dukert, il me chargea d'une lettre pour cet officier et d'une autre pour le duc de Holstein. Je traversay la Dune sur la glace, sans accident; mais en Courlande, passant la rivière de Windau, la glace se rompit, et l'on eut beaucoup de peine à sauver un de mes domestiques, qui s'estoit enfoncé dans l'eau avec le cheval de main qu'il conduisoit. Cet incident m'obligea de séjourner de Wittau; j'y devois d'ailleurs attendre une escorte que le colonel Cuoving, commandant pour le roy de Suède, luy envoyoit avec des lettres.

Je n'eus aucune fâcheuse rencontre les trois premiers jours de mon voyage; nous trouvions, d'espace en espace, des régiments suédois qui alloient joindre l'armée; le quatrième jour, à la nuit, par une grosse pluye qui avoit fait déborder touttes les rivières et emporté les ponts, nous arrivâmes au bord de celle de Niemen en Lithuanie ; j'envoyay chercher un guide pour la passer à la nage; les paysans s'estoient sauvés d'un petit village où nous estions. L'on se saisit enfin d'un qui, par argent ou par menaces, se mit à l'eau avec un mauvais bidet blanc; il me servoit de boussole, et je le suivois le premier pour encourager mon escorte, composée de six cuirassiers à cheval et d'un brigadier, Je ne fus pas à cinquante pas du bord, que j'aperçus mon guide et son cheval culbulter et se noyer. La rivière estoit rapide, je gagnay cependant l'autre bord, et de là j'exhortay mes gens à me joindre; ils le firent sans accident. La pluye continuoit à verse, et rendoit l'obscurité de la nuit affreuse, hors du chemin, et sans sçavoir de quel costé tourner, je dis à l'officier d'envoyer de ses cavaliers à la découverte; l'un d'eux aperçut de la lumière, nous nous y rendismes : c'estoit une mauvaise chaumière couverte de paille; nous n'y trouvasmes qu'une vieille femme avec un petit enfant ; sa chambre estoit échauffée par un bon poële, nous y fismes sécher nos habits; mais à peine nous estions-nous endormis sur la paille, qu'un cavalier qui faisoit sentinelle, vint nous dire avec précipitation de sortir au plus vite; la vieille nous voyant endormis, s'estoit évadée par la fenestre avec son enfant et avoit mis le feu à la chaumière.

Nous nous remismes en marche à la pointe du jour, mais quelque dilligence que je pusse faire, sans trouver le plus souvent ni gite, ni nourriture pour les chevaux. Je ne pus joindre le roy de Suède que le 12 avril, à la petite ville de Leenen, située au bord du Niémen, où ce prince avoit fait camper son armée pour assister à l'enterrement de trois cents de ses soldats tués, il y avoit trois semaines, par un party d'Oginsky.

Je m'addressay d'abord à M. Dukert pour avoir un logement; il me donna la moitié de son lict, c'est-à-dire de la paille qui luy en servoit; il témoigna désirer rendre quelque service au Roy, mais il m'en expliqua l'impossibilité, fondée sur l'éloignement où estoit le roy de Suède d'écouter aucune proposition avant l'exécution du projet qu'il avoit en teste de détrhôner le roy Auguste ; que ce dessein l'occupoit uniquement, qu'il n'osoit mesme luy parler du sujet de ma mission, et que ce seroit beaucoup si, avant mon départ et celuy de l'armée, je pouvois parvenir à parler au duc de Holstein et au comte Piper. Je pressay fort M. Dukert de me procurer l'un et l'autre, l'assurant qu'il n'y avoit rien que d'agréable pour eux et de glorieux pour S. M. suédoise dans ce que j'avois à leur communiquer, et que le Roy, dont il témoignoit affectionner le service, luy tiendroit compte de celuy qu'il rendroit en cette occasion. Ses réponses me firent juger qu'il n'y estoit guères propre. Je vis le lendemain le comte Piper, par le moyen du secrétaire Cederhielm, *à qui je fis présent d'une tabatière d'or. Je sçavois à quoy m'en tenir sur cet article avec luy, depuis que je l'avois tasté en Courlande.* Le comte Piper me reçut assez froidement, et sans répondre en détail à ce que je luy exposay de ma commission, ny à la lettre de M. de Bonac ; il me dit que le Roy, son maistre, n'estoit ny en scituation ny en volonté de souffrir aucun négociateur à sa suite, moins encore d'écouter des propositions ; qu'il sçauroit aprofondir ce que je luy avois insinué des engagements prétendus des alliés avec le roy Auguste, ajoutant, avec un sourire sardonique, que ce prince n'en prendroit aucun contraire au plan de neutralité qu'il s'estoit formé ; que je devois donc m'en retourner à Riga, parce que l'armée décamperoit dans deux jours.

Je n'eus pas une réponse plus satisfaisante du duc de Holstein. Je fus introduit chez luy la nuit, avec un grand mistère ; il me dit que son engagement envers la France ne l'obligeoit qu'à de bons offices auprès du Roy, son beau-frère, qu'il n'en négligeroit pas l'occasion, qu'elle ne s'estoit pas encore présentée, et ne se présenteroit tout au plus tost qu'à Varsovie ; que j'assûrasse la cour, et M. de Bonac en particulier, de toute sa bonne volonté, qu'il me conseilloit de m'en retourner, et qu'on ignorât que je luy eusse parlé, pour ne point le rendre suspect, dit-il, et inutile dans la suite aux intérêts de la France. Il me fut aisé de comprendre que ces réponses du duc n'estoient que des défaites captieuses, et que l'argent qu'on luy donnoit n'estoit pas mieux employé que beaucoup d'autre qu'on répandoit dans le même goust. M. Dukert, qui me parut agir plus rondement, mais peu propre à entamer et à suivre une négociation, me confirma dans cette pensée, dont je rendis compte à M. le marquis de Torcy, dès que je fus en lieu propre à pouvoir le faire par la poste.

Le mesme jour que le roy de Suède fit enterrer ses soldats, je le vis dans la place, près de sa maison, se divertir à voir battre les officiers à coups de boules de neige, tandis que, de l'autre costé de la rivière, les Polonois tiroient assez fréquemment des coups de fusil à tous ceux qui s'en aprochoient. Cette témérité fut grièvement punie. M. Dukert me dit, le lendemain, que les ordres estoient donnés pour la marche, et que vraisemblablement on me le notifieroit de la part du comte Piper; en effet, dès le mesme soir, le secrétaire Cederhielm vint m'avertir de partir le jour suivant dès le grand matin. Je demanday une escorte, ayant à traverser un pays remply des partis d'Oginski et de voleurs. Il répondit que le roy de Suède n'ayant point de dépêches à envoyer à Riga, on ne me donneroit point d'escorte, mais que je rencontrerois sur ma route des régiments suédois qui venoient joindre l'armée, m'assurant, au surplus, que le roy de Suède et son ministre n'en agiroient pas autrement à l'égard des ennemis de la France.

Je n'estois pas à mille pas de la ville, que j'apperçus une grande fumée; chaque soldat avoit eu ordre de mettre le feu dans son quartier en le quittant; les maisons n'estant que de bois furent bientost consumées, à l'exception de l'église qu'on avoit épargnée.

Avant d'arriver à Riga, je courus risque trois fois de perdre la vie; la première, par une avanture assez plaisante arrivée le soir dans un gros village de Lituanie; l'hôte qu'on m'indiqua refusa du foin pour mes chevaux ; argent, menaces, tout fut inutile; les autres habitants fermerent leurs portes; il m'estoit impossible de pousser plus loin, mes chevaux estant rendus faute de nouriture. J'avois un interprete qui, par ses clameurs, avoit atroupé beaucoup de monde prés de l'écurie dont j'occupois la porte, mes pistolets sous le bras; ma surprise augmenta, lorsque mon interprète vint me dire à l'oreille que nous aurions du foin, si je voulois luy permettre de battre l'hôtesse. Je crus d'abord qu'il s'entendoit avec tous ces Lituaniens ses compatriotes pour me faire assassiner, mais m'ayant ajouté que sa proposition venoit de l'hôte mesme, sa femme estant un démon qu'il n'osoit battre et qui ne pouvoit estre réduite que par les coups, je le laissay faire; la femme fut châtiée, nous eûmes du foin, je fus bien logé, bonne chère à souper; le lendemain il ne vouloit pas prendre d'argent, et je partis aussy content de l'avanture, que le mary de la docilité où l'on avoit réduit sa femme.

A deux journées de là, je fus poursuivy par un party polonois au sortir d'un bois, mes chevaux se trouverent plus vigoureux que les leurs, et j'en fus quitte pour essuyer quelques coups de fusil sans accident.

Je courus un plus grand risque au passage de la Dune qui baigne les murailles de Riga ; cette riviere a prés d'une demy lieue de large, c'estoit le 24 avril, on l'avoit jusqu'alors traversée sur la glace, mais les pluyes l'ayant rompue, les glaçons qui flottoient sur l'eau n'estoient retenus que par une espece de digue à l'embouchure de la riviere dans la mer, prés du fort de Dunamunde, où les glaces tenoient encore ferme; mon zèle pour le service du Roy me fit tout tenter; je pris deux hommes qui m'attacherent des cordes sous les bras; ces cordes tenoient à de grandes perches dont celuy qui marchoit devant moy tenoit l'une, celuy qui me suivoit, l'autre; avec ce secours, sautant de glaçon en glaçon, je gagnay l'autre bord un quart d'heure avant

que la rivière s'ouvrit avec un fracas épouvantable , et la perte
de plusieurs personnes qui avoient tenté le passage quelques
moments aprés moy ; mes chevaux ne purent estre transportés
que la semaine suivante, en batteau.

Je commençois à peine à me remettre de tant de fatigues, que
M. le marquis de Torcy m'ordonna de passer à Stockolm où le
service du Roy demandoit qu'il y eût une personne de sa part
en état de rendre un compte exact des démarches de la régence
que le roy de Suede y avoit etablie, sous l'autorité de la Reine,
sa grande mere, qui devoit en apparence presider au Senat ; le
roy de Suede y renvoyoit touttes les affaires relatives aux autres
puissances qui demandoient des discutions, ou de l'examen, se
reservant d'en décider sur les avis de ce conseil, seulement pour
la forme, car il ne les suivoit presque jamais.

Je m'embarquay le 27 avril au fort de Dunamunde, et j'arrivay à Stockholm le premier jour de may 1701 : mon premier
soin fut de faire des connoissances, et d'apprendre la langue du
pays ; l'allemand, que je sçavois aussy bien que le hollandois,
me donnerent des facilités ; ces deux langues qui ont quelque
rapport à la suedoise, etant assez communes à Stockholm.

Il y a beaucoup de catoliques de differentes nations, ils y sont
moins tolerés que les calvinistes ; ces derniers sont admis aux
temples lutheriens , mais les catoliques y sont privés de toutte
consolation spirituelle lorsqu'il n'y a point de ministre qui
tienne chapelle ; il ne m'estoit pas ce permis, faute de caractère ;
je le representay à M. le marquis de Torcy ; ce ministre qui m'a
toujours honoré de sa bienveillance, eut la bonté de me répondre que la difficulté de me donner le caractere de resident,
ne rouloit que sur le style des lettres de créance, à cause de
l'absence du roy de Suede, mais que le Roy, dont la picté s'es-
tendoit dans les lieux les plus éloignés, feroit lever cette difficulté ; en effet, peu de semaines aprés, je reccus mes lettres de
créance, et dés ce jour là l'Angleterre et la Hollande tinrent

aussy des résidents à Stockholm ; j'y estois le seul catholique, je fis venir un aumonier sçachant le françois et l'allemand , ma chapelle devint bientost une eglise ouverte à tous les etrangers ; les vœux et les prieres estoient également sincères, sans distinction des nations, pour la conservation du Roy, et quoyque les tems fussent extremement difficiles, et qu'on ne payât point les apointements des ministres, S. M. eut l'attention de faire pourvoir exactement à l'entretien de ma chapelle et aux aumones qui se distribuoient aux pauvres, dont la peste qui survint en 1710 augmenta considérablement la misere et le nombre.

Quoyqu'il ne se décidât rien à Stockolm qu'après avoir receu les ordres du roy de Suede, ainsy que je viens de l'expliquer, ce prince y renvoyoit les négociations étrangeres et qui n'avoient pas un rapport direct à son projet de Pologne ; touttes les puissances liguées contre la France s'y opposoient secrétement à cause des liaisons qu'elles avoient avec le roy Auguste, dont la guerre où il estoit engagé les privoit d'un bon nombre de troupes saxones qui auroient passé à leur service. Je trouvay le moyen de decouvrir une bonne partie de leurs démarches et de voir presque touttes les lettres que les ministres du roy de Suede dans les cours etrangeres ecrivoient au senat, de mesme que les ordres qu'on leur donnoit; j'eus par le mesme canal et avec une dépense trés modique pour le Roy, les minutes de presque toutes les lettres du fameux chancelier Axel Oxenstiern, contemporain du cardinal de Richelieu, ecrites de sa main, et M. le marquis de Torcy me fit l'honneur de me marquer que ce manuscrit tiendroit une place distinguée dans la biblioteque du Roy ; j'envoyay aussy les copies de tous les traittés secrets de la Suede avec les autres puissances, ce qui rendit mon employ interessant, et fournit aux ministres de S. M. des lumieres propres à prévenir de fausses demarches dans les conjonctures les plus critiques où la France se fût peut estre jamais trouvée, par la suite fatale du mauvais succés de ses armes, dont ses ennemis profitoient avec une insolence bien mortifiante pour les sujets de S. M., jusques dans les cours neutres où ils les insultoient par des discours qui ne trouvoient que trop de croyance chez la pluspart des Suedois, partisans des alliés, et qui enorgueillis d'ailleurs des victoires de leur Roy, me réprochoient assez souvent qu'elles n'estoient point le fruit des subsides de la France et que M. le comte de Guiscard avoit esté mauvais prophete lors de la marche de ce prince au secours de Narva. Cet ambassadeur avoit en effet non-seulement desaprouvé cette entreprise, mais de plus dit ironiquemeut qu'il luy seroit aussy difficile de passer le Sund sur le'dos d'un harang, qu'au roy de Suede, avec 8,000 hommes, de chasser de devant Narva les Moscovites qui en faisoient le siege avec une armée de 80,000 soldats.—Il y réussit cependant ainsy qu'on l'a remarqué : et informé des discours du comte de Guiscard, il ne voulut plus le voir.

De pareilles préventions n'estoient certainement pas favorables à un nouveau ministre de France ; une grande attention de ma part, un flegme proportioné au génie de la nation, une étude suivie du caractère des regents et beaucoup de docilité me rendirent insensiblement supportable; je voulois de la confiance, j'y reussis enfin; l'on me reconnut veridique, zélé pour le retablissement de la bonne intelligence entre les deux couronnes dont je mettois souvent en perspective les avantages et la gloire qui en estoit revenue à la Suede, et quoy qu'il ne fût pas au pouvoir de la regence d'y travailler efficacement dans un tems où cette alliance auroit esté si utile au service du Roy, j'eus au moins la satisfaction de connoître que quatre des principaux senateurs y estoient trés disposés, et que bien loin de donner la mesme croyance aux nouvelles exagerées que les ministres des alliés debitoient chaque ordinaire, ils saisissoient les occasions raisonables d'eu caracteriser la fausseté.

C'estoit à la verité une faible ressource contre l'obstination

2

du roy de Suede à refuser tous les engagements qui luy estoient proposés et de nostre part et de celle des alliés, jusqu'à ce qu'il eût terminé son entreprise de Pologne par l'expulsion du roy Auguste, et pour l'élection d'un nouveau roy; les batailles de Clissow et de Flawstat luy en frayerent le chemin, il poursuivit son ennemy jusques dans ses Etats hereditaires, s'empara de Dresden, la capitale, força le roy Auguste à rendre les ambassadeurs suedois, occupés à une nouvelle election à Varsovie où il les avoit enlevés, à signer le traitté d'Alt-Ranstadt, à reconnoître Stanislas Lecssinsky pour legitime roy de Pologne et à livrer Patkul, livonien, qu'il fit ecarteler vif pour crime de felonie et de leze majesté, quoyque revetu du caractere d'ambassadeur du Czar.

Touttes les démarches du roy de Suede et de ses ministres estoient la suite de l'orgueil de ses prosperités. Toutes les nations qui commerçoient dans le Nord, et surtout avec la Moscovie, souffroient avec une extresme impatience les pertes que la severité des ordonnances du roy de Suede sur cet article leur causoient journellement ; les Suedois arrêtoient et confisquoient sans distinction tous les vaisseaux qu'ils rencontroient allants, ou soupçonnés d'aller de ce costé-là, et l'on avoit assujety les capitaines ou maîtres des navires marchands à de si amples et si rudes conditions, qu'aucun ne pouvoit eluder le cas de la confiscation, tandis que ces mesmes Suedois se recrioient à outrance contre les reglements établis en France pour la navigation des batiments neutres. C'estoit principalement à Stockholm où touttes ces plaintes estoient portées. Je sçavois à n'en pouvoir douter que presqu'aucun Suedois ne naviguoit pour son propre compte; mais pour celuy des Anglois et des Hollandois, qui ayant de longue main des etablissements, des comptoirs et des facteurs de leur nation à Stockholm et dans les autres villes maritimes de Suede y faisoient presque tout le commerce de fer, de cuivre, de godron, et de bois de sapin, sous le nom des Suedois, qui le leur prestoient pour une legere part ou retribution qu'ils tiroient de cette fraude. Elle estoit mesme autorisée par le sieur Olof Hanson, beaupere du comte Piper, marchand riche, et par quelques senateurs qui, outre l'interest qu'ils avoient dans ce commerce, vendoient cher leur protection, d'où il arrivoit ordinairement que les sollicitations du ministre suedois en France estoient bien plus vives et mieux apuyées pour les vaisseaux pris dont la cargaison appartenoit aux ennemis, que pour ceux qui appartenoient aux Suedois ; ces derniers subissoient presque tous la loy de la confiscation, tandis que les autres estoient declarés libres ; les souffrants n'epargnoient à cet egard ny nostre ministere, ny celuy de Stockholm, et celuy-cy, pour palier le juste motif de ces plaintes, ne cessoit de m'exagérer la dureté et le peu d'egard qu'on avoit en France, pour les sujets de leur Roy dans le mesme tems que S. M. leur faisoit donner à tous moments la main-levée des batiments réclamés par l'envoyé de Suede, et dont on m'envoyoit de tems en tems des listes pour prouver le peu de fondement de ces plaintes, et que cette nation estoit traittée plus favorablement qu'aucune autre neutre.

Mais nonobstant des vérités si palpables, on exécutoit toujours avec la derniere rigueur les ordres du roy de Suede ; une escadre de ses vaisseaux, qui croisoit sur les parages de Revel, prit 5 vaisseaux françois que la Compagnie des Indes envoyoit à S. Petersbourg, avec de trés riches cargaisons, pour y tenter l'etablissement de la traitte des mats, bois de construction, godron, chanvre et cuirs de Russie dont ce pays abonde ; ces trois vaisseaux furent conduits à Stockholm, le plus grand estoit percé pour 70 pieces de canon, il portoit 50,000 piastres en especes et pour plus de 100,000 livres d'autres marchandises. Tous les mouvements que je me donnay pour en obtenir la main-levée furent inutiles, on temoignoit de la bonne volonté, mais on se retranchoit toujours sur la severité des ordres du roy de

Suede, qui interdisoit tout commerce avec la Moscovie. Comme je sçavois d'avance que l'avidité d'un si riche butin fermeroit touttes les voyes d'accomodement, je me retranchay à demander la liberté des pacotilles, et à la faveur de la nuit, l'on aporta dans ma maison, qui estoit proche du port, l'argent comptant, plusieurs barils de cochenille et une grande quantité de vin, avec les pavillons des trois vaisseaux qui furent confisqués peu de jours aprés ; on mit les equipages à terre, sans vouloir leur donner aucune subsistance, et comme l'hyver aprochoit, du consentement, et à la priere des capitaines, je fis racheter un de ces batiments a trés bon marché, pour transporter ces equipages en France ; les piastres et la cochenille qu'on ne jugea pas à propos d'y embarquer, parce que les Suedois n'auroient pas manqué de s'en saisir, et j'en estois averty, furent employés à acheter du cuivre sous le nom d'un banquier qui l'envoya à Saint-Malo, avec un des capitaines françois que j'avois gardé à Stockholm pour avoir soin de cette negociation ; elle reussit au moyen de mes amis, et diminua autant qu'il estoit possible la perte des propriectaires.

Je n'entreray point dans le détail d'un grand nombre d'autres affaires particulières concernant la marine du roy, la navigation et le commerce de ses sujets, dont j'estois chargé spécialement et qui estoient d'une assez grande étendue, à l'occasion des mats, bois de sapin et godron qu'ils tiroient de Gottembourg et de Stockholm ; il n'y avoit point de consul de la nation, et j'avois de fréquentes discutions à essuyer pour faire rendre justice à nos négociants, ou prévenir autant qu'il estoit possible le dommage que la cupidité des amirautés suédoises s'efforçoit de leur causer par toute sorte de chicanes, dont les connoissances que j'avois acquises, m'aidèrent à aprofondir les ressorts secrets.

Je diray seulement que les Anglois et les Hollandois en ressentoient encore plus vivement que nous les effets par la quantité de vaisseaux qu'on leur confisquoit tous les jours; ils avoient d'anciens établissements en Livonie, en Ingrie, en Finlande et en Moscovie; c'estoit une des meilleures branches de leur commerce du Nord; les particuliers, que ces pertes regardoient de plus près, en faisoient grand bruit, mais les ministres craignant d'irriter un conquérant à portée de donner la loy dans l'Empire et de déranger leurs projets contre la France, différèrent à un autre temps de joindre les menaces aux plaintes, ces puissances se bornant alors, c'est-à-dire après la conclusion du traitté d'Alt-Ranstad, d'envoyer des ministres à Charles XII.

Il avoit eu quelques démélés personels avec l'Empereur pour une insulte faite par son chambellan à l'envoyé de Suède, résidant à Vienne; les protestants de Silésie et plusieurs autres de l'Empire saisirent aussy cette occasion pour avoir recours à la protection de S. M. suédoise, sur leurs griefs de religion, quelques-uns mesme croyant de se l'acquérir en flattant son ambition, insinuèrent au comte Piper, premier ministre, de mettre la couronne impériale sur une teste de leur religion, en la personne du roy son maître.

L'Angleterre luy envoya milord Marleboroug, avec ordre de n'épargner ny argent ny persuasion pour éloigner ce prince de l'Empire; l'Angleterre, chef dominant de la ligue, craignoit que ce prince n'écoutât enfin sa véritable gloire, en se déclarant médiateur de la paix générale : le baron Spaare, Suédois, officier général au service du roy, estoit passé en Saxe dans ce dessein; il avoit des amis dans le ministère et dans le militaire; il estoit éloquent et persuasif; le czar mesme offroit la carte blanche pour la paix, sous la médiation de la France, ne se réservant, dans toutes les restitutions qu'il vouloit faire, que Pétersbourg qu'il vouloit conserver.

J'étois informé à Stockholm de toutes ces circonstances : j'en rendois exactement compte à la cour : j'ajoutois les réflections de mes amis, qui connoissant le génie de leur roy, le caractère des officiers qu'il écoutoit le plus, et qui ne pouvoient s'avancer que par la continuation de la guerre, et du butin dont la nation est naturellement avide, m'assuroient que toutes les démarches tendantes à la paix avec le czar, ou à la générale, qui mettroient les amis secrets de ce dernier en état de le secourir, seroient entièrement inutiles; la manie du déthronement qu'on représentoit à Charles XII comme le comble de la gloire, s'estoit si fort emparée de son esprit que rien au monde ne seroit capable de le détourner du dessein qu'il avoit formé de traiter le czar comme il venoit de traiter le roy Auguste.

‹ En effet, Charles XII, au mépris de sa véritable gloire, des intérêts de sa couronne, et des avantages de la dernière importance qu'il auroit pu se procurer, en suivant le party que la bonne politique, la saine raison, l'augmentation de ses États auroient dù luy faire prendre, ne suivit que l'emportement de son inclination pour la guerre, sans autre objet réel, que le plaisir de la continuer; il s'accomoda avec l'empereur; les grosses sommes d'argent que milord Marleboroug répandit à quelques ministres et parmy les officiers, rendirent sa négociation efficace; et dès que la saison le permit, l'armée suédoise se mit en marche, au mois de may 1708, chargée des contributions énormes qu'elle avoit exigées de la Saxe (elles se montoient à seize millions d'écus), et qui devinrent la proye des Moscovites à la bataille de Pultawa, dont la perte ruina entièrement l'armée suédoise et obligea le roy de Suède à se réfugier chez les Turcs, près de Bender, où il établit un camp des officiers qui l'avoient suivi, et de ceux qui l'avoient joint dans la suite au nombre de trois mille tant Suédois que Valaques; il fut enfin forcé de se rendre prisonnier, après s'estre deffendu en désespéré, de chambre en chambre, dans la maison qu'on luy avoit bâtie à Warnitza, et où les janissaires avoient mis le feu, ainsy que tout le monde l'a sçù.

Cette étrange extrémité ne le rendit ny moins obstiné, ny

plus traittable. Conduit prisonnier à Andrinople, au mois d'avril 1713, le grand visir, qui s'y trouvoit alors, luy fit faire des offres avantageuses de la part du grand seigneur ; qu'il estoit nécessaire qu'ils eussent ensemble une conférence dans laquelle ils pourroient convenir des moyens de retourner avec décence dans ses États. Charles XII la refusa sur la difficulté du cérémonial, prétendant recevoir le grand visir au lit, où il resta une année entière, plustost que d'altérer en rien le cérémonial auquel il s'estoit fixé. Tant de hauteur, jointe au souvenir de la déposition du précédent visir, indisposa entièrement celuy-cy ; il fit conduire le roy de Suède à Demirtocca (Démirtash), où il resta jusqu'au 1ᵉʳ octobre, presque toujours au lit, ou feignant d'y estre, par les raisons qu'on vient d'expliquer, en attendant le succès des sollicitations et des intrigues de MM. Poniatowsky et Grothusen, ses ministres à Constantinople.

Le grand visir les rendit inutiles ; mais nul événement ne fit impression sur Charles XII ; il s'amusoit à faire des règlements d'exercices et de discipline pour ses troupes, pour l'administration de l'intérieur de son royaume, et des différents tribunaux qu'on nomme en ce pays la collégeie, aussy tranquillement que s'il avoit esté paisible à Stockholm.

Le roy Stanislas, chassé de Pologne, qui étoit party pour l'aller trouver à Warnitza et luy faire connoître la nécessité de venir au secours de ses États attaqués de tous costés, et à la veille de succomber sous les efforts et le nombre de ses ennemis, fut arrêté à Iassy, capitale de la Moldavie. Charles XII ne fut pas plus sensible à ces représentations qu'aux prières de la reine, sa grande mère, des princesses, ses sœurs, du Sénat, qui luy avoient dépêché plusieurs personnes dans la mesme vūe, avec un plan circonstancié de l'extrémité où tout estoit réduit en Suède, sans argent, sans troupes, sans alliés, sans chefs d'autorité pour sa défense, en un mot sans aucune ressource, sa longue absence les ayant touttes épuisées. Le baron Lieven, maréchal de camp, le dernier qui luy fut envoyé à Demirtocca, homme facétieux, mais qui sçavoit avec esprit dire les choses les plus hardies en plaisantant, ajouta qu'il estoit à craindre que les peuples ruinés, presque sans hommes pour cultiver leurs terres, et pour marier leurs filles, désespérés de se voir exposer à la tiranie des Moscovites, ne se portassent enfin à d'étranges extrémités, peut-estre à demander un autre maître pour les deffendre. Ce dernier trait n'estoit pas sans fondement ; la duchesse de Holstein, femme ambitieuse et intriguante, que le duc, son mari, avoit flattée de l'espérance du thrône, le luy avoit montré en perspective par toutte sa conduite, soupçonnée avec fondement du dessein de faire périr Charles XII dans les exercices violents et périlleux où il avoit entrainé ce jeune prince, sous le prétexte des divertissements occasionnés par son mariage ; la conjoncture réveillant cette idée, la duchesse de Holstein, veuve et maîtresse de ses actions, s'estoit ménagé un party, et il estoit soutenu par les promesses de l'Angleterre, qui vouloit, à quelque prix que ce fust, vaincre les obstacles que la fermeté du roy de Suède apportoit à ses desseins et à son commerce ; ces promesses, dis-je, que ce prince n'ignoroit peut-être pas, avoient engagé la duchesse de Holstein à prester l'oreille à la négociation d'une élection en sa faveur, et ce nom seul d'élection flattoit extrémement la pluspart des grands et du peuple ; mais la mort de cette princesse, arrivée peu de temps après, fit évanouir ce projet, et Charles XII répondit à M. Lieven, sur le mesme ton d'ironie, que si la reine, les princesses, ses sœurs et le Sénat estoient fatigués du soin des affaires de son royaume, il envoyeroit une de ses bottes à Stockholm pour les gouverner.

L'offre du roy de France de l'y faire transporter par quatre vaisseaux de guerre que S. M. avoit à Constantinople, ne fut pas plus efficace ; ce prince, obstiné à vouloir revenir à la teste d'une armée turque, méprisa tout, sans réfléchir qu'après ce qui s'estoit passé à la bataille de Pultawa il n'avoit rien à espérer de la Porte, qui put répondre à ses idées, aussy fut-il obligé de partir avec deux de ses officiers de Demirtocca et déguisé, pour n'estre point reconnu dans les États de l'empereur, qu'il traversa avec tant de dilligence, qu'un de ses officiers resta en chemin. Il arriva à Strahalzaud le 22 novembre 1714, au grand étonnement du comte Dukert, gouverneur, qui ne le reconnut qu'après avoir quitté la perruque qui servoit à son déguisement. Cette place, la dernière qui restoit a la Suède, en Poméranie, estoit assiégée par les troupes des roys de Danemarck et de Prusse ; elles s'emparèrent de l'isle de Rugen le 17 novembre 1715, malgré la résistance extrême des Suédois, et les actions de courage les plus inouïes de la part de leur roy : à la dernière il reçut une balle de fusil dans la poitrine, ce qui ne l'empêcha pas de rester à cheval jusqu'au soir qu'il fit sa retraitte dans Strhalzund ; heureusement c'étoit une balle morte qui s'étoit arrêtée sur une coste ; il l'avoit arrachée luy-mesme, et ce ne fut qu'après que son chirurgien eust sondé assez longtemps la playe qu'il tira en badinant la balle de sa poche, et luy dit qu'il ne l'avoit pas cherchée où elle estoit.

Enfin la place estant réduite à l'extrémité, Charles XII s'embarqua le 20 décembre 1715, sur un mauvais batteau, et à travers les glaces gagna la Schone, où il fixa son séjour à Louden jusqu'en l'année 1718, qui luy fut si fatale. Quelque temps avant le départ du roy de Suède, M. le comte de Croissy, ambassadeur du roy, s'estoit retiré à Hambourg, n'ayant pu le disposer à aucun accommodement, ny ses ennemis à des conditions modérées, leur venant d'une médiation qui leur estoit d'autant plus suspecte, qu'ils ne pouvoient ignorer que l'intérêt de la France ne pouvoit compatir avec le dépouillement total des possessions de la couronne de Suède en Allemagne qu'ils avoient résolu. D'ailleurs, le comte Weling et le baron Goërts traversoient sous main les négociations de M. de Croissy par des vûes particulières, quoyqu'antagonistes sur tout le reste, et se disputant la confiance du roy de Suède : en quoy le comte Weling fit l'épreuve de ce qu'il avoit dit de Goërts, que s'il avoit deux hommes comme luy, il se feroit fort de tromper tous les princes de l'Europe. Ce dernier l'emporta; et par son ascendant sur l'esprit de son nouveau maître, il sçut si adroitement flatter sa passion pour la guerre par les projets que le public a sçû, et rendre le Sénat avec tous les autres ministres suspects, qu'il le conduisit enfin à sa perte : après avoir plongé son royaume dans la plus affreuse misère, il en fut la juste victime, et mourut sur un échafault, protestant qu'il n'avoit rien fait que par les ordres exprès du roy de Suède : et ça esté la seule raison que ses partisans ont pu alléguer pour sa justification.

Lorsque M. le duc d'Orléans, régent, fut informé de l'arrivée du roy de Suède dans ses États, il luy envoya M. le comte de la Marck en qualité d'ambassadeur extraordinaire ; comme il est homme de guerre et qu'il possède tous les autres talents désirables dans un habile ministre, aucun n'estoit plus propre que luy à faire entrer ce prince dans les vûes de M. le régent. Les générales avoient pour objet de faciliter un accommodement qui, remplissant les désirs du roy d'Angleterre, conservât à la couronne de Suède quelque considération en Allemagne pour servir au moins de motif plausible au renouvellement d'alliance avec cette couronne, et cette alliance devoit estre cimentée par le mariage de madame la princesse Aglaé d'Orléans, sœur du régent, et depuis duchesse de Modène.—L'arrivée de cet ambassadeur rendoit ma présence en Suède peu nécessaire, ma santé s'estoit fort dérangée par un séjour de dix-neuf ans dans ce rude climat et la mort de mon père m'appelloit nécessairement en France ; j'en demanday et obtins la permission, après avoir donné à M. le comte de la Marck les éclaircissements qu'il désiroit, — et j'arrivay à Paris au mois de novembre 1717.

L'année suivante, Charles XII entreprit la conquête de la Norwège, tandis que le baron de Goërts négocioit en Angleterre, avec ceux qu'on y nomme jacobites, le rétablissement du prétendant sur le throne. Cet habile, mais trop entreprenant ministre, qui s'estoit totalement emparé de l'esprit du roy de Suède, en luy inspirant autant de méfiance que de mépris pour tous ses sujets, et principalement pour le Sénat, avoit en mesme temps étably des conférences dans l'isle d'Aland, où sous le prétexte d'une paix particulière avec la Moscovie, le baron de Goërts traittoit directement avec le czar Pierre Ier, ulcéré contre les Anglois, une alliance offensive et défensive, dans les vues de Charles XII, qui ne voulant point admettre le terme de cession, y faisoit substituer celui de partage de convenance de quelques provinces suédoises à la bienséance du czar : et pour le reste, il ne s'agissoit pas moins, que d'allumer la guerre en Angleterre par des secours d'hommes et de vaisseaux que les deux alliés envoyeroient aux jacobites; de reconquérir les duchés de Brême et de Verden avec la Poméranie, pour estre rendus à la Suède, de s'emparer de Lubeck et de Danzick, celle-cy pour le czar, et la première pour la Suède; l'Espagne devoit entrer dans cette alliance, le fils du comte Weling estoit passé à Madrid pour y déterminer S. M. C., par l'intérest du commerce de la mer Baltique; on la sçavoit d'ailleurs bien disposée pour le retour du prétendant au throne de ses ancêtres, et dans tout cela le grand objet secret du baron Goërts estoit de procurer au duc de Holstein, son maître, la succession à la couronne de Russie, par son mariage avec la princesse Anne, fille aînée du czar, que M. Basevitz négocioit actuellement à Pétersbourg, faisant entendre que sa mission, concertée avec la cour de Vienne, n'avoit pour but que d'empêcher le sacrifice du duché de Sleswick, que l'Angleterre destinoit au roy de Danemark.

Tout impraticable que parut l'exécution de si vastes projets, ils flattoient trop le ressentiment de Charles XII contre les roys d'Angleterre, de Danemarck et de Prusse pour qu'il ne s'y livrat pas avec empressement. Son grand courage, et son envie démesurée de guerroyer luy rendoient tout possible, et Goërts, agissant sur ce principe, revenoit d'Alland avec le traitté secret conclu avec le czar, lorsqu'il apprit, par sa détention, que S. M. suédoise avoit esté tuée au siége de Frédérickshall de la manière que tout le monde a sçü.

Par cet événement les affaires de ce malheureux royaume changèrent de système, sans avoir de ressources, par la foiblesse extrème où une guerre de dix-huit ans l'avoit réduit. Les premiers mouvements se portèrent à l'assemblée des États : on y déclara le royaume électif, et la princesse Ulrique, épouse du prince de Hesse, reine à ce titre. La vengeance eut son tour, et Goërts fut décapité par sentence des États. Il s'étoit attiré la haine universelle ; la populace, devenue furieuse par une longue misère, demandoit ce sacrifice avec menaces (peut-estre l y avoit-on excitée sous main), et à réclamer contre le gouvernement despotique, regardé comme la principale cause des maux sous le poids desquels on gémissoit.

En effet, on estoit convaincu que l'opiniatreté du roi de Suède dans ses principes avoit réuny tous ses voisins pour profiter de ses dépouilles, sous le prétexte spécieux d'opposer une digue à son ambition. Le roi d'Angleterre, comme duc d'Hanover, convoitoit depuis longtemps les duchés de Brême et de Verden, dont il s'estoit emparé ; le roy de Danemarck, le duché de Sleswick ; celuy de Prusse, la Poméranie ; le Czar, l'Ingrie, la Finlande et la Livonie : touttes ces puissances armées estoient en possession de leurs lots ; elles agissoient vivement et de concert pour resserrer la couronne de Suède dans les anciennes bornes où Gustave Vasa l'avoit trouvée après l'expulsion de Christiern II, roy de Danemarck.

A ces raisons particulières d'agrandissement de la

voisins, s'en joignoit une générale et politique : jaloux, pour ne
pas dire ennemis naturels de la France, ils tendoient à luy
rendre inutile la seule puissance du Nord, son ancienne alliée,
dont les armes victorieuses, appuyées des notres, avoient porté
l'allarme jusques au throne impérial. Cette époque, quoyque
fort reculée, et qui avoit enfanté les fameux traittés de Westphalie, leur estoit et leur sera toujours présente ; la Suède en
estoit un des principaux garants, et le plus efficace par la
proximité de ses forces en Poméranie. Jamais e p'us favora-
ble conjoncture pour rendre cette garantie caduque, s'il prenoit
envie à la France de soutenir cette pragmatique sanction en
faveur des princes de l'Empire, qui en ont ressenty de si fréquentes violations, princes que nos roys ont un intérest si essentiel de gloire, et d'état de maintenir dans les priviléges,
immunités et régales dont ils doivent jouir en vertu de ces traittés confirmatifs de la bulle d'or, et qui servent en des cas vrays,
ou apparents, de prétexte aux guerres assez souvent nécessaires,
pour s'opposer à l'ambition si naturelle à la maison d'Autriche.

Telle estoit la situation des choses dans le Nord au commencement de l'année 1719. La guerre que la France avoit
soutenue contre la pluspart des puissances de l'Europe estoit,
à la vérité, finie par les traittés d'Utrecht, de Rastadt et de
Bade ; il sembloit mesme que la mort du feu Roy, qui avoit
laissé son royaume dans un épuisement général de finance,
dût ralentir l'inquiétude et les mouvements de la politique des
envieux de sa gloire ; cependant, la cour de Vienne n'en fit pas
la fine ; elle prétendit, et s'en expliqua assez publiquement
par ses ministres dans les autres cours, que M. le régent devoit
lui tenir beaucoup de compte, comme un acte de générosité
compatissante, de ce qu'elle ne proffitoit pas de nostre état
de foiblesse, et que ses alliés se contentoient de reprendre ce
qui leur avoit esté enlevé par la Suède, soutenue de nos armes
et de nos subsides.

Il est à croire que ces objets unis aux autres vues de S. A. R.
l'avoient engagé dans l'alliance intime du roy de la Grande-
Bretagne, persuadée que marchant d'un pas égal à l'exécution
des traités de la quatrième alliance, ce prince, satisfait pour la
portion des débris de la Suède, des duchés de Brême et de
Verden, se porteroit efficacement à diminuer les autres sacrifices de cette couronne, et à la garantir de la dangereuse invasion des armes du Czar qui, piqué de la rupture des conférences d'Aland par la mort du roy de Suède, faisoit actuellement ravager les provinces voisines de Stockholm.

Les Anglois, soupçonant M. le comte de la Mark d'estre
entré pour quelque chose dans le projet de l'entreprise en
faveur du chevalier de Saint-Georges, ou peut-estre de ne pas
se prester assez docilement au plan formé par les ministres de
S. M. B. de concert avec les roys de Danemarck et de Prusse,
pour la paix du Nord, firent rapeller cet ambassadeur. On
nomma le comte de Senecterre pour aller en cette qualité à
Hannower, où le roy d'Angleterre s'estoit rendu, et S. A. R
jetta les yeux sur moy pour y accompagner ce ministre pour
traiter du salut de la Suède avec milord Stanhope, confident de
S. M. B. et relativement au succès, pour repasser en Suède
lorsque ces deux ministres le jugeroient nécessaire.

Avant mon départ j'avois eu plusieurs entretiens avec
M. l'abbé Dubois, alors ministre des affaires étrangères, il
m'avoit demandé différents mémoires sur les affaires du Nord,
et spécialement par rapport à cette paix qui soufroit de
grandes difficultés dans le principe, que je ne perdois jamais
de vûe, de conserver à quelque prix que ce fût à la Suède autant
de possessions qu'il seroit possible en Allemagne, sans quoy
cette couronne, la seule sur laquelle nous pouvions compter
dans le Nord, nous deviendroit plus à charge, qu'utile; en
sorte qu'il n'y avoit qu'à opter, entre le party de la secourir,
fondé sur des raisons que je déduisois avec évidence, ou celuy

de l'abandonner, avec les maximes établies depuis deux siècles dans nostre gouvernement, et dont la couronne s'estoit si bien trouvée.

Ces mémoires, quoy qu'assez forts, ne déplurent pas au ministre : mes instructions furent dressées à peu près sur ce canevas, mais elles me prescrivoient bien expressément de tout mettre en usage pour l'entière satisfaction du roy d'Angleterre. Ce prince avoit un double ministère : celui de Londres penchoit à la conservation de la Suède : elle intéressoit essentiellement la nation angloise par le grand commerce qu'elle y fait de fer, de cuivre et de godron : cette mesme nation voyoit avec peine l'agrandissement des États héréditaires de son roy ; le ministère de Hannower, à la tête duquel se trouvoit M. de Brensdorf, favory chargé de l'indignation secrette des Anglois, pensoit et agissoit tout différemment : son grand objet estoit d'accroître le domaine de son maître pour augmenter en mesme tems son crédit. Également indisposé contre la France et la Suède, il traversoit touttes leurs vües sans beaucoup de ménagement, et s'opposoit sous main à la négociation que M. de Widword conduisoit à Berlin au nom du roy d'Angleterre, en attendant qu'il fut assuré que le colonel Baséwits, son parent, qui en négocioit à Stockholm eut pour ainsy dire arraché des Suédois les cessions dont les alliés du Nord estoient convenus entr'eux ; par les articles préliminaires de la paix à conclure sous la médiation de l'Angleterre, on voulut bien y admettre celle du Roy en faisant envisager à Brensdorf une future principauté pour lui dans l'Empire, et un secours d'argent de la part de la France pour la Suède, s'il restoit encore assez de forces à ce royaume pour en faire usage, et pour se soutenir jusques à l'arrivée de l'escadre des vaisseaux anglois, destinée à chasser les Moscovites, qui, comme on l'a dit, infestoient les environs de Stockholm. L'amiral Noris, commandant de cette flotte, la tenoit à l'ancre dans les passages de Carlescron, en attendant des nouvelles de milord Carteret. Ce ministre estoit arrivé à Stockolm avec le caractère d'ambassadeur plénipotentiaire d'Angleterre; il avoit ordre d'agir de concert avec M. de Baséwits pour obtenir des Suédois la signature des préliminaires arrêtés à Berlin, en leur montrant en perspective la flotte angloise preste à venir à leur secours avec l'argent de la France, ou à reprendre la route de ses ports, s'ils faisoient trop les difficiles sur les cessions aux conditions réglées par le roy d'Angleterre.

Telles estoient les dispositions dans lesquelles M. le régent estoit entré lorsque je partis pour Hannower au mois de juin 1719. M. le comte de Senectere avoit de fréquentes conférences avec milord Stanhope, mais je m'apperçus bientot, par ce que ce ministre anglois m'en confioit, qu'il n'y estoit question que de la thèse générale de procurer la paix du Nord; je n'y paroissois pour rien, que comme une toile d'attente, s'il faudroit ou non faire le voyage de Suède. Trois semaines s'écoulèrent dans cette incertitude, mais enfin milord Stanhope ayant reçu un courier de Berlin, et M. de Bernsdorf un autre de Stockholm, le premier m'envoya dire de l'aller trouver : il me communiqua quelques articles des dépêches de M. de Widword portant que tout estoit reglé avec le roy de Prusse, et que Baséwits donnoit la mesme espérance du costé des Suédois : qu'il estoit néccessaire que je me rendisse auprès de S. A. R. pour luy en rendre compte de bouche et lui faire connoître que si elle vouloit bien se déterminer à joindre un secours d'argent à celuy de la flotte angloise, j'irois la joindre à mon retour avec l'ordre de mettre incessamment à la voile, et que je trouverois à Lubeck une frégate angloise destinée à mon transport.

Je priay milord Stanhope de réfléchir que je ne pouvois entreprendre ce voyage sans le consentement et mesme l'ordre de l'ambassadeur du Roy, et qu'ainsy il estoit nécessaire qu'il le disposât à me le donner : il aprouva ma pensée, et dès le len demain, il en parla à ce ministre, sans luy rien dire cependant de nostre conférence, pour ne pas l'indisposer, ni luy donner aucun soupçon.

Au retour de cette conférence, M. le comte de Senecterre me dit en grand secret que le roy d'Angleterre trouvoit à propos que je partisse en poste pour porter à M. le régent la nouvelle de la résolution prise de secourir la Suède ; qu'il me prioit de me tenir prest pour le lendemain ; il employa la nuit à faire luy mesme sa dépêche, et milord Stanhope me remit le soir mesme un billet de sa main ; il y marquoit à M. l'abbé Dubois que son S A. R. pouvoit ajouter une entière croyance à ce que j'aurois l'honneur de luy dire de la part du roy son maître, et de la sienne : que du succès de mon voyage dépendoit le salut ou la perte de la Suède, cette dernière paroissant prochaine par les avis qu'il avoit receus de Stockholm.

Arrivé à Paris, j'allay chez M. l'abbé Dubois ; il me demanda assez brusquement ce qui me ramenoit sitost. — « Les ordres de M. le comte de Senecterre, » lui dis-je, « et voilà une de ses dépêches qui vous en aprendra le sujet. — Et que chantera-t-elle ? » répliqua ce ministre. Il la jetta sur la table. « Nous la lirons à loisir. N'avez-vous rien autre chose à me dire ? » — Je luy remis le billet de milord Stanhope, il le lut avec un extrême plaisir ; je luy rendis un compte exact de tout ce qui s'estoit passé dans nos conférences secrettes d'Hanower ; il m'embrassa, partit sur-le-champ pour en informer S. A. R., m'ordonnant de l'attendre dans sa chambre, pour diner avec luy ; nous lûmes la dépêche de M. de Senectere, elle ne contenoit que ce que j'avois expliqué plus en détail. M. l'abbé Dubois dit que le Régent estoit très content de ma relation, qu'il vouloit m'entretenir en particulier, et que je revinsse le lendemain pour prendre ses ordres ; il loua beaucoup les talents, la franchise de milord Stanhope, son attachement pour M. le Régent, et son zèle pour la France. Ce ministre le témoignoit effectivement : je luy ay toujours reconnu des principes d'honneur et de bonne foy ; il avoit la confiance du roy son maitre, mais soit la multiplicité des affaires dont il estoit chargé surtout à Hanower, où il devoit estre continuellement en garde contre les piéges que M. de Brensdorf luy tendoit, soit tempérament, sa distraction estoit si grande, que souvent on luy parloit un quart d'heure de suite sans qu'il eût entendu une parole de ce qu'on luy disoit ; la politesse succédoit à cette espèce d'extase, il faisoit des excuses, et l'on sortoit toujours satisfait de sa conversation.

A ma seconde audience, M. l'abbé Dubois me dit que S. A. R. iroit coucher à Saint-Cloud exprès pour pouvoir m'entretenir sans témoins incomodes et suspects, qu'il me donneroit une lettre que je remettrois au sieur Coche, son valet de chambre, afin qu'il m'introduisît chez le prince le lendemain à son lever. J'eus l'honneur de luy répéter en détail, que le roi d'Angleterre avoit terminé sa négociation à Berlin, le jour mesme que M. de Brensdorf, surnommé le père des difficultés, avoit cessé de s'y opposer ; que les choses paroissoient sur le mesme pied à Stockholm, que le roi de Danemarck avoit aussy accepté les préliminaires en général, de mesme que la médiation de S. M. B. pour le traitté définitif à conclure avec la Suède ; qu'on ne s'estoit point encore expliqué sur l'intervention de celle du Roy, M. de Brensdorf, ni les Danois n'en ayant pas encore voulu entendre parler jusques a'ors ; mais que milord Stanhope se faisoit fort pour le Roi son maître, de faire passer cet article — par considération pour S. A. R., ajouta-t-il, et pour luy faire sa cour ; que quoy que les Moscovites fussent pour ainsy dire aux portes de Stockholm avec leur armée, après avoir brûlé Nord-koping, détruit plusieurs forges de fer, et mis le feu aux forêts d'où l'incendie s'estoit répandu au loin, le roy d'Angleterre n'estoit point determiné à faire agir sa flotte, si le Roi n'envoyoit une somme d'argent pour aider la Suède à agir de son costé par mer et par terre ; que j'avois compris dans mes difé-

rentes conférences avec milord Stanhope. que les Anglois n'a-
voient pas envie de faire grand mal aux Moscovites ; que la
Chambre basse surtout s'y opposoit de tout son pouvoir, à
cause de son commerce : que la nation regardoit cette levée de
boucliers comme uniquement faite pour les intérests particuliers de l'Électorat d'Hanower ; que ce motif si déterminant
dans le gouvernement d'Angleterre, pouvoit bien estre la principale cause de la répugnance que j'avois remarquée dans ses
ministres à faire agir sa flotte en faveur de la Suède ; qu'ils
seroient peut-estre ravis d'avoir un prétexte plausible d'en rejetter la faute sur la France, et que tout cela bien considéré, je
ne pensois pas qu'on pût se flatter que les Anglois prissent aucun engagement offensif contre les Moscovites, quelque grande
que put estre l'extrémité où les Suédois seroient réduits ; que
mon devoir ne permettoit pas que je dissimulasse ces décou-
vertes à S. A. R.; qu'instruite d'ailleurs des anciennes et véri-
tables maximes de la couronne, les conséquences d'un abandon
de celle de Suède n'échaperoient point à sa pénétration : maximes devenues. d'autant plus nécessaires que si la Suède estoit
une fois anéantie, les Anglois despotiques en Danemarck, puis-
sants parmi les princes protestants de l'Empire, à portée par
leurs grands établissements en Russie, et par leur argent, de se
racomoder avec le Czar, la France se trouveroit dénuée de toute
espèce d'alliance et de secours dans le Nord, le cas arrivant
d'une guerre contre ses ennemis naturels qui y avoient de leur
costé une abondante liberté de commerce et de navigation, dont
la privation, quoy que bien différente de celle où nous nous
trouverions alors a esté si préjudiciable pour le précédent règne
par la disette de bleds, et des autres marchandises pour la marine, qu'il faut nécessairement tirer du Nord toutes les fois que
nous sommes en guerre avec la Hollande ; que je demandois très-
humblement pardon à S. A. R. de la liberté que j'osois prendre de luy mettre ces objets devant les yeux ; que c'estoit un pur

effet de mon zèle pour le service de l'État dont il conduisoit si
glorieusement les rênes, et de mon attachement inviolable pour
sa personne, cette réunion de devoirs ne pouvant estre incom-
patible avec celuy de compatriote dans lequel j'étois né, et je
voulois mourir. — Le reste de la conversation roula sur des parti-
cularités moins importantes touchant le caractère des ministres
d'Angleterre et de Hanower, et sur la nécessité de faire agir
promptement la flotte, ne dût-elle que se montrer pour éloigner au moins le péril dont la Suède estoit menacée par les
Moscovites.

S A. R. eut la bonté de m'écouter favorablement, et d'a-
prouver mes réflexions : elle me fit l'honneur de me dire que
j'étois un des premiers qui luy avoit parlé vray, et me frappant
sur l'épaule, qu'elle s'en souviendroit pour me faire du bien,
qu'elle me renvoyeroit incessamment avec 300,000 écus de
banque pour la Suède, et que je ne manquasse pas de me
trouver tous les jours au Palais-Royal, évitant de me montrer
aux curieux ; ces 300,000 écus faisoient alors 2,250,000 livres
de France.

Deux jours après cette audience, M. le régent me fit appeller
avec empressement ; il estoit au conseil avec M. le Blanc et
M. Law ; il me dit qu'il venoit de recevoir de fâcheuses nouvelles de Suède, que les Moscovites se disposoient à faire une
descente à Dalerh : c'est le premier port pour arriver à Stockholm, et qu'il paroissoit fort à craindre qu'ils ne surprissent
cette ville avant que la flotte angloise fût arrivée à son secours.
L'on m'ordonna de dire mon avis sur cet événement ; je demanday la carte du pays, et je fis observer que quoyque l'en-
trée du Dalerh fut aisée par un bon vent, il estoit éloigné de
douze lieues de Stockholm, que pour y arriver il falloit lou-
voyer autour d'un grand nombre de rochers, ce qui ne pouvoit s'exécuter qu'avec des vents différents ; que sur trois de
ces écueils, il y avoit d'assez bons châteaux garnis de canons

et de soldats, commandés par des officiers du choix du prince de Hesse ; que luy-mesme estoit à la teste d'un petit corps d'armée capable de s'opposer à l'aproche de celle du Czar, supposé qu'elle eût fait son débarquement, et voulût tenter quelque entreprise, le seul party qu'elle pouvoit prendre ; estant absurde de croire qu'elle s'engageât avec ses vaisseaux dans les détroits qu'on nomme les *Chaires*, et dont je viens de parler, puisqu'ils coureroient un risque presque assuré de n'en jamais ressortir ; que par touttes ces raisons, qui estoient démonstratives, il estoit moralement impossible que le dessein des Moscovites fût autre que d'alarmer les peuples de la capitale et des environs pour voir si à la faveur des intrigues secrètes que le Czar y entretenoit depuis quelques années, il n'arriveroit pas quelque soulèvement, mais qu'outre que le prince de Hesse y avoit pourveu, les tyrannies exercées contre les habitants et les lieux où les Moscovites avoient fait descente avoient imprimé une si grande horreur de leur domination dans l'esprit des bourgeois de Stockholm, qui avoient le plus à perdre, que je les croyois disposés à tout sacrifier pour s'en garantir, et à se bien deffendre jusqu'à l'arrivée des secours que l'Angleterre leur faisoit espérer depuis si longtemps, et à l'occasion desquels la Suède avoit fait de si grands sacrifices. A l'issue de ce conseil, S. A. R. demanda à M. Law quelle voye seroit la plus prompte, la plus seure, et la plus secrette pour faire passer 300,000 écus à Stockholm. Il répondit que le second de ces points ne pouvoit s'exécuter par lettres de change avec le secret que M. le régent exigeoit : qu'il y auroit trop de risques à enyoyer une aussi grosse somme en louis d'or, mais que si on luy permettoit de la convertir en lingots, il en assureroit le transport à 5 pour 100, parce qu'en cas de vol, ou de perte, il seroit facile de les recouvrer, au lieu que l'or monoyé ne laissoit point de traces à suivre. M. Law eut donc ordre de faire fondre cette somme en lingots. Comme

j'en devois être le porteur, M. Le Blanc offrit de me donner
une escorte ; c'estoit un seul officier qui avoit fait le métier de
partisan, et je me disposay à partir au moment que M. l'abbé
Dubois m'avertiroit d'aller recevoir les derniers ordres de
S. A. R. Ce fut le 19 juillet. Il me fit introduire par un degré
dérobé. M. l'abbé Dubois entama un grand discours pour expliquer les motifs des résolutions prises, insinuant que la connoissance exacte que j'avois des affaires du Nord, et ce qu'il
avoit plu à S. A. R. de m'indiquer de ses intentions me suffi-
soit, sans qu'il fût nécessaire de me donner des instructions
par écrit, n'estant guères possible de décider sur les incidents
qui surviendroient dans le cours d'une négociation à tant de
différentes puissances. Je répondis qu'il s'en falloit beaucoup
que j'eusse des lumières et une capacité proportionnées au
travail et à l'importance des négociations dont elle vouloit
bien me charger, en sorte qu'elle auroit lieu de me regarder
comme le plus téméraire et le plus imprudent de tous les
hommes si j'endossois une si vaste entreprise sans estre muny
d'une pièce aussy essentielle que l'instruction par écrit,
laquelle non-seulement caractérisoit le ministre, mais encore
devoit servir de base et de garant de sa conduite. M. le régent
dit avec assez de vivacité en regardant M. l'abbé Dubois, que
j'avois raison ; qu'on dressât ce jour même mon instruction, et
que sans tant de verbiage de sa part, M. le comte de la Marck
n'estant pas agréable aux Anglois, il m'avoit choisy pour son
homme de confiance dans le Nord, qu'il comptoit également
sur ma fidélité et sur mon zèle, que je m'en retournasse à
Hanower avec les lingots d'or que j'irois prendre chez M. Law,
et que si milord Stanhoppe jugeoit qu'il y eût du risque à les
porter par mer, je passerois à Hambourg pour les remettre à
M. Poussin, envoyé du Roy. Ce n'estoit assurément pas l'inten-
tion des Anglois ; ils vouloient avoir tout le mérite de ce secours auprès des Suédois pour adoucir en quelque manière

l'amertume de leurs sacrifices, et ils les en avoient déjà pré-
venus avant mon arrivée à Hannower. J'y fus receu avec tous
les applaudissements imaginables ; j'en partis deux jours après,
et je m'embarquay à Lubeck sur la frégate angloise qui m'y
attendoit. Je trouvay la flotte angloise à la vue de l'isle d'Han-
noé, à cinq lieues de Carlescron ; elle estoit composée de
18 vaisseaux de ligne, quelques frégates légères, 2 brûlots, et
plusieurs bâtiments de charge ; je remis à l'amiral Noris les
ordres du Roy, son maître, de faire voile vers Stockholm. Il
me dit qu'il attendoit la jonction d'une escadre suédoise qui
s'armoit à Carlescron ; il scavoit bien qu'elle ne pouvoit pas
estre sitost preste ; le motif de son retardement estoit la nouvelle qu'il attendoit de la signature des préliminaires, quoyqu'on m'eut assuré du contraire à Hanower.

Je rencontray en chemin le courier de milord Carteret qui
lui portoit la nouvelle de cette signature. La flotte partit à
son arrivée et vint à Dalerh, d'où celle du Czar s'estoit éloi-
gnée ainsy que je l'avois préveu.

J'arrivay à Stockholm le 5 septembre. Le prince de Hesse
envoya aussytost chez moy un de ses chambellans pour s'assû-
rer s'y j'avois aporté la somme promise et me fit dire qu'il
seroit bien aise de me voir le plus tost qu'il seroit possible. Il
m'estoit ordonné de bouche de ne remettre à personne mes
lingots qu'après en avoir concerté le tems avec milord Carteret, et que je serois informé de l'arrivée de la flotte angloise.
A la premiére visite que je fis à ce ministre, il exigea que je
lui montrasse mes instructions, assurant que milord Stanhope
lui marquoit en estre ainsy convenu avec M. l'abbé Dubois ;
je ne pouvois en douter par leur stile qui portoit de tout mettre
en usage pour l'entière satisfaction du roy d'Angleterre ; milord Carteret me fit une espèce de compliment sur la future
admission de la médiation du Roy pour les traittés solemnels
avec celle du Roy son maître, dans la seule vüe dit-il de faire

plaisir à M. le régent, et que S. A. R. m'envoyeroit les pouvoirs nécessaires pour assister aux conférences en qualité de plénipotentiaire conjointement avec luy milord Carteret, le lieu en ayant esté fixé à Stockholm malgré les oppositions du comte Cronhielm, chancelier, et de quelques autres du party allemand, m'avertissant de tenir ferme sur cet article lorsque je verrois ce chicaneur qui ne manqueroit pas de me parler du congrès indiqué à Brunswick par l'Empereur, où le comte Weling s'estoit déjà rendu de la part de la Suède, de mesme que les ministres de Danemarck, de Prusse, et du Czar.

Milord Carteret me dit encore qu'il y avoit une forte brigue pour faire changer les plénipotentiaires suédois qui avoient signé les articles préliminaires dans la vûe de traverser la conclusion des traités solemnels, et qu'il me prioit d'insister auprès de la reine et du prince de Hesse pour empêcher ce changement, ce que j'exécutay à ma première audience avec succès et à la grande satisfaction du ministre anglois qui s'estoit assûré des intentions de ces plénipotentiaires par la promesse d'une gratification de cent mille écus.

Le prince de Hesse, dont j'avois l'honneur d'estre connu particulièrement, me reçeut avec des témoignages de bonté et de confiance trop marquées pour pouvoir douter de leur sincérité. Dès ce moment il s'ouvrit à moy de touttes ses inquiétudes, comme de ses plus secrètes pensées, persuadé que S. A. R. m'ayant renvoyé à cette cour, c'estoit une preuve de son amitié, dont il se rendroit digne par tous les endroits qui dépendroient personnellement de luy; que je luy ferois un sensible plaisir de les luy suggérer en m'appliquant à sauver du naufrage un royaume qui avoit toujours esté le plus fidele allié de la France. Je répondis au prince que pénétré de la plus vive reconnoissance d'une bienveillance que je n'avois encore pû mériter que par des vœux je travaillerois à favoriser les siens avec toute l'application et le zèle qu'il me connoissoit

pour son service et pour le salut de la Suède ; que j'avois déjà
remply cette partie de mon devoir auprès de S. A. R. et que
le secours d'argent dont elle m'avoit chargé marquoit assez
combien Elle s'intéressoit au rétablissement d'une tranqui-
lité dont ce royaume estoit privé depuis si longtems; qu'il
scavoit combien j'avois esté sensible à ses pertes, et à la fata-
lité des conjonctures, telles qu'on ne pouvoit raisonablement
se flatter de diminuer beaucoup les sacrifices que les alliés du
Nord avoient résolu d'exiger par la supériorité de leurs forces;
que j'estois assûré que M. le régent n'y estoit entré que pour
tâcher de les adoucir; qu'on devoit regarder l'envoy de la
flotte angloise au secours de la Suède contre les Moscovites
comme son ouvrage, et qu'aussitôt qu'il avoit appris que l'action de cette flotte dépendoit d'une somme d'argent pour
aider a l'armement de la suédoise, il n'avoit pas balancé un
moment sur le party qu'il avoit à prendre; que j'en avois esté
le témoin, et que l'effet dont j'étois porteur en estoit une
bonne preuve. Les Anglois, répliqua le prince, nous avoient
fait entendre que nous leur avions l'obligation de ce présent :
ce n'est pas en cela seul que j'ay eu l'occasion de remarquer
leur peu de sincérité ; ils nous ont écorchés, forcés pour ainsy
dire à leur abandonner, et à leurs alliés, nos meilleures provinces au dehors, nous donnant des assurances très-fortes
qu'ils se joindroient à nous contre les Moscovites, et cependant depuis quatre jours que notre escadre a joint la leur, le
temps et la saison s'écoulent en délibérations sans effet, tandis
que la flotte du Czar se retire sans aucun obstacle de nos côtes,
où il auroit esté aisé de la rencontrer, et de la détruire mesme
dans le port de Revel, où elle doit nécessairement entrer.
« Vous serez demain, » me dit-il, « appellé à un grand conseil
où il doit se décider quelque chose ; je compte que vous m'y se-
conderés avec fermeté ; elle m'est devenue très-nécessaire, me
trouvant environné de gens qui me regardent encore comme

etranger, et qui, pour couvrir leurs cabales secrètes, s'étudient à rejetter sur moy les événements, peut-estre pour cacher les trahisons dont leurs intérêts particuliers les rendent assés capables, et je n'ay pas assez d'autorité pour m'y opposer tant qu'elle sera partagée avec la reine mon épouse, dont je ne puis estre que le conseiller. Il seroit bien à souhaiter que cette disposition pût changer; la France, et personnellement le duc d'Orléans acquéreroient par ce changement un amy fidelle et qui pourroit dans la suite leur devenir utile. »

J'entendis le prince à demy mot : je sçavois qu'il désiroit ardemment de monter sur le throsne; il formoit déjà son party dans les États qui devoient s'assembler vers la fin de l'année, et les Anglois pour le faire agir dans leurs vües luy avoient montré du penchant à le seconder de leur appuy auprès de quelques sénateurs leurs pensionaires, ou du moins à qui ils avoient promis de l'argent pour opiner à la paix telle que les alliés l'avoient projettée. Sur ces connoissances, dont le prince m'avoit confié quelques-unes, je luy répondis qu'il estoit nécessaire qu'il s'aidât de son costé du crédit qu'il avoit sur l'esprit de la reine pour vaincre la répugnance que certaines gens lui inspiroient à luy transmettre une autorité dont ils s'estoient déjà si bien trouvés par les graces considérables que cette bonne reine leur avoit prodiguées : qu'il n'y pourroit réussir qu'en gagnant la famille des Duben, dont la sœur, élevée avec cette princesse, la gouvernoit despotiquement; et qu'il connoissoit l'avidité de ces gens-là, élevés de la lie du peuple : que tandis qu'il suivroit ce plan, je jugeois nécessaire d'aller au plus pressé, à sçavoir l'action des escadres combinées, vu la saison déjà avancée qui obligeoit celle du Czar de regagner ses ports, plustost que la crainte des hostilités de la part des Anglois, ainsy qu'il pourroit en juger dans le grand conseil où il me faisoit l'honneur de m'inviter; l'amiral Norris ayant déjà fait entendre qu'il avoit ordre de ramener son escadre en Angleterre avant l'hyver, qui souvent ferme le détroit du Sund par les glaces, au commencement d'octobre.

Le grand conseil de guerre s'assembla au jour marqué ; la reine de Suède et le prince de Hesse, tout le sénat, composé de dix-huit sénateurs, le comte de Horn, président des États, M. Hopken, secrétaire d'État, milord Carteret, l'amiral Norris, M. Nicolas Sparre, amiral de Suède, s'y trouvèrent ; j'eus ma place immédiatement après l'ambassadeur d'Angleterre.

La reine expliqua en peu de mots le sujet de cette assemblée : le comte de Horn, naturellement éloquent, s'étendit par un fort beau discours sur la triste situation du royaume, sur la nécessité de profiter de la bonne volonté et du secours que S. M. Britannique luy avoit envoyé, pour chasser et affoiblir les forces du plus dangereux ennemy de la Suède : que l'armement de la flotte suédoise avoit achevé d'épuiser les finances, et 'quil n'y avoit pas un moment à perdre si l'on vouloit profiter de la conjoncture de la retraite des vaisseaux du Czar en assez mauvais état.

Milord Carteret répondit que s'agissant d'une expédition de mer, c'estoit à MM. les amiraux à dire leur sentiment.

Celuy d'Angleterre exposa les difficultés et le risque de s'engager dans le fond de la mer Baltique en une saison orageuse par les vents du Nord qui y sont ordinaires ; qu'avant qu'on eût pu joindre la flotte moscovite, elle auroit gagné tout au moins le port de Revel où le Czar avoit fait construire des forts qui le mettoient hors d'insulte, que la rade en étoit très-mauvaise, qu'une navigation de ce côté-là exposeroit son escadre à estre enfermée par les glaces, et qu'il avoit ordre sur toutte chose de ne point la laisser hyverner en Suède, ny dans aucun autre port du Nord ; il allégua pour raison les maladies dont les équipages estoient déjà atteints, qu'elles augmenteroient infailliblement pendant l'hyver, et qu'elles la mettroient hors d'état d'agir l'année suivante avec plus de succès et moins de risques, qu'il n'y en avoit plus à craindre pour la Suède de la part des Moscovites, informés que le Roy son maître s'estoit engagé à sa défense, que cependant comme il luy estoit prescrit de faire tout ce qui seroit praticable pour le service de la reine de Suède et de son royaume, il entendroit volontiers et mesme avec confiance ce que M. l'amiral Sparre pensoit de l'expédition proposée, luy qui devoit avoir une connoissance plus exacte de la mer du Nord, comme des facilités ou des obstacles dont il la croyoit susceptible.

M. de Sparre répondit que depuis les conquestes du Czar, aucun capitaine ny autre marinier suédois n'avoient fréquenté les ports de Livonie, d'Estonie, ny d'Ingrie, qu'ainsy il ne peuvoit juger de leur force, ny des difficultés qu'il y auroit de les attaquer, que la saison lui paraissoit mesme bien avancée pour le tenter, et qu'il ne vouloit pas prendre sur luy d'exposer les deux escadres à se perdre, ou du moins plusieurs de leurs vaisseaux, s'en raportant à la décision de ses supérieurs, dont il exécuteroit les ordres.

La reine de Suède, le prince et la plupart des sénateurs furent extrêmement surpris et mécontents de ces deux avis, sans oser le témoigner ouvertement, pour ne pas indisposer les Anglois; on prit le jour suivant pour délibérer sur cette matière, et le prince m'ayant dit à l'oreille de le suivre dans son cabinet, me dit qu'il comprenoit à merveille que les Anglois n'agiroient pas contre les Moscovites, et qu'il craignoit mesme qu'ils n'eussent gagné l'amiral Sparre, celuy-cy l'ayant assuré, il n'y avoit que deux jours, que si l'amiral Norris vouloit poursuivre les Moscovites dans leur retraite, on les pourroit joindre et défaire au moins une partie de leur flotte. Elle rentra tranquillement dans ses ports après avoir causé dans les provinces d'Uplande, d'Ostrogothie, de Sudermanie, de Gefle, à Nordkoping, et aux environs de Stockholm un dommage estimé 14 millions de livres.

Le prince de Hesse ne pensoit pas accuser si juste dans l'idée qu'il s'estoit formée de la manœuvre des amiraux, j'avois découvert, et je luy dis que l'amiral Sparre avoit reçu un présent des Anglois, et il me fut certifié à mon premier voyage à Pétersbourg que le Czar avoit aussy lié les mains à l'amiral Norris par une somme de vingt mille écus qu'il luy avoit fait toucher à Cherbourg; ainsy il n'est pas surprenant qu'en agissant d'ailleurs dans les vues du Parlement de Londres il évitât avec soin tout ce qui pouvoit occasionner un engagement de l'Angleterre contre les Moscovites. La chose se vérifia dans le conseil du lendemain, les amiraux y soutinrent leur première thèse; ils furent appuyés par milord Carteret; il feignit un grand déplaisir de ce que la lenteur des négociations de Berlin avoit retardé l'arrivée de l'escadre angloise, bien moins cependant que la jonction de la suédoise qui ne s'estoit faite que depuis peu de jours, et il conclut par assurer que l'année suivante l'amiral Norris arriveroit de bonne heure en Suède pour exécuter les desseins dont on convindroit pendant l'hyver, que cette saison les rendoit naturellement impraticables tant de la part de la Suède que du Czar.

Je dis à mon tour que M. le régent aprendroit avec autant de peine que de surprise que le secours d'argent dont il m'avoit chargé pour la Suède se consumât sans utilité, au préjudice des assurances données, qu'on agiroit efficacement pour affaiblir les prétentions exhorbitantes du Czar, qu'elles n'alloient pas à moins qu'à luy assurer la Livonie, l'Ingrie, l'Estonie, avec la meilleure partie de la Finlande, ce qui ne pouvoit en bonne politique convenir aux présents alliés de la couronne de Suède, ny aux intérêts des puissances voisines qui avoient déjà si considérablement affoibli; que puisqu'en conséquence des avis de MM. les amiraux, la reine et son conseil concluoient ‚ remettre la partie au printemps, il me sembloit au moins nécessaire que le roy d'Angleterre fît notifier au Czar ainsi qu'on en estoit convenu à Hannower que s'estant déclaré médiateur pour la paix du Nord, il soutiendroit ses offices par l'envoy d'une forte escadre, qui agiroit contre le party qui s'éloigneroit trop de l'équité. Les Anglois, après avoir un peu consulté entre eux, se rendirent à cette ouverture, ils y applaudirent mesme, et milord Carteret m'en remercia au sortir du conseil, comme d'un expédient qui le tiroit personnellement d'un assez grand embarras, parce qu'avant mon arrivée à Stockhlom il avoit donné les assurances les plus positives qu'au moment de la signature des préliminaires, l'escadre angloise agiroit contre les Moscovites. Il se peut faire, luy dis-je, milord, que vous l'avez pensé de mesme, car je connois vostre candeur ; mais vous estes membre du Parlement, et vous exécutez vos ordres en habile ministre et comme bon compatriote ; il sourit en me serrant la main. L'amiral Norris fut chargé d'écrire au Czar une lettre dont les termes furent fort adoucis, l'on détacha une frégate angloise pour la porter au Czar qu'on croyoit encore à Revel ; il en estoit déjà party ; le gentilhomme anglois qui estoit chargé de cette lettre la remit à un officier moscovite, et l'amiral Norris reprit la route d'Angleterre, après avoir reçu un présent de trente mille livres en cuivre, laissant un mécontentement secret de l'inutilité de son voyage.

Les ennemis du prince de Hesse, cabalant pour traverser son élection à la couronne, l'accusoient de s'entendre avec les Anglois afin de s'assurer de leur appuy, et cette supposition qui n'estoit pas tout à fait sans fondement, répendue sourdement parmi les députés des États, luy attiroit tous les jours de nouveaux adversaires. J'avois un de mes intimes amis, homme d'une grande intelligence, adroit, insinuant et à la teste d'un party considérable, qui m'avertissoit de tout, aussy fut-il proprement la cheville ouvrière du succès de mon épineuse négociation en faveur du prince de Hesse ; il falloit combattre l'opposition du président des États, d'un grand nombre de députés

de la noblesse, du clergé et de la bourgeoisie, et de surabon-
dant veiller continuellement à la conduite du prince mesme,
dont l'inconstance, les irrésolutions et le peu de fermeté, j'ose
ajouter le peu de lumières pour les affaires politiques et le
manège des Cours, gâtoient en un instant ce qu'il avoit bien
voulu concerter de meilleur avec moy ou avec mes amis pour
avancer la réussite de son projet par la facilité qu'il avoit à suivre ordinairement l'avis du dernier qui luy parloit ; et ce dernier luy estoit très-souvent lâché par ses ennemis pour le faire
tomber dans quelque piége ; mais je reprendray cette matière
pour la traitter tout de suite, je reviens à celle des négociations pour la paix.

L'on vient de voir que le théâtre en avoit été fixé à Stockholm ; les États, conjointement avec la Reine, avaient choisi pour
leurs plénipotentiaires les comtes *Cronhielin*, président alors de
la Chancellerie, *Du Kert*, maréchal d'armée, *Meyerfeld*, lieute-
nant-général, de *la Gadnie*, président de la chambre du commerce, *Taube*, général d'armée, gouverneur de Stockholm,
tous sénateurs, et M. *Hopken*, secrétaire d'État. J'avois reçeu
les pleins pouvoirs du Roy pour exercer la fonction de médiateur, conjointement avec milord Carteret ; il avoit informé les
Suédois et les ministres de Prusse que le Roy son maître l'avoit
aussy trouvé bon. Le roi de Dannemarck, mal disposé pour
nostre médiation, n'avoit point encore envoyé de ministre à
Stockholm, et le colonel Baslewitz, plénipotentiaire au nom
de l'électeur d'Hannower, voulut négocier son traitté à part
pour éluder l'intervention de la France ; ce ne fut qu'après de
vives instances de la part de milord Carteret, que pour la forme
on fit mention de notre médiation lors de la signature du
traité entre la Suède et le roy d'Angleterre, comme électeur
d'Hannower.

Les conférences commencèrent à la maison de la Chancellerie, le 10 septembre 1719. J'eus toujours ma place à costé de

'ambassadeur d'Angleterre, vis-à-vis des plénipotentiaires suédois; on fit la lecture des pleins pouvoirs suivant la coutume, et l'on remit au lendemain à entamer les matières.

Les Suédois commencèrent par se plaindre modestement de ce que les assurances données par les ambassadeurs d'Angleterre de la part du Roy son maître n'avoient point eu l'effet promis d'attaquer les Moscovites, de garantir la Suède de leurs funestes incursions, et de les mettre hors d'état d'exiger de nouveaux sacrifices de cette couronne qui en avoit fait de si considérables à la persuasion de S. M. Brittannique; qu'il sembloit au contraire que l'aparition de la flotte angloise n'avoit servy qu'à augmenter l'arrogance de ces cruels ennemis, qu'ils publioient partout n'avoir pas plus à craindre de ce secours pour l'avenir, que pendant cette campagne que l'aproche de l'hyver avoit seule terminée; que le Czar ne refusoit point la paix à l'imitation de ses alliés, mais qu'il n'y consentiroit qu'aux conditions réglées entre eux et avec les mesmes avantages pour luy; qu'il les avoit assez fait connoître, et que si la Suède continuoit à les refuser, il trouveroit moyen de les obtenir par la force de ses armes; les Suédois ajoutoient qu'il ne s'agissoit pas seulement des intérêts de la couronne de Suède, mais aussy de ceux des princes voisins, et essentiellement du commerce des Anglois auquel les Moscovites imposeroient de dures lois si on ne travailloit efficacement à les resserrer dans de justes bornes; que si par des ménagements ou des vues particulières on en laissoit échapper l'occasion présente on verroit bientôt le Czar, dont l'ambition et la cupidité n'estoient que trop connues, estendre l'une et l'autre dans l'Empire, après avoir réduit la Suède à une si grande impuissance, qu'elle la mit hors d'état d'oposer une digue suffisante aux futures invasions qu'il méditoit; que par toutes ces raisons, il estoit nécessaire que le renouvellement du traitté de 1700 avec l'Angleterre précédât, ou du moins fût signé le mesme jour que celui d'Hannower, parce que des stipulations de ce traitté dépendoit tout l'avantage que la couronne de Suède pouvoit espérer des cessions promises au roy d'Angleterre comme électeur d'Hannower. Les plénipotentiaires suédois qui avoient une entière confiance en moy, me prièrent en particulier de faire connoître à milord Carteret la justice de leur demande ; il en convint et me promit de les satisfaire, mais à condition que le traitté de Prusse iroit d'un pas égal avec les deux autres, et qu'on jetteroit les fondements de la négociation avec le Roy de Danemarck, afin de détacher tout d'un coup ces deux puissances de l'alliance du Czar, qui n'épargnoit ny sollicitations, ny promesses pour se les conserver.

Elles estoient fortement appuyées par le roy de Dannemarck, flatté de l'espérance d'augmenter ses conquêtes du costé de la Norvége s'il pouvoit retenir avec luy le roy de Prusse dans les intérêts du Czar ; au lieu que les ministres anglois et hannoveriens assuroient que ce prince se voyant abandonné de tous ses alliés, deviendroit plus facile sur les conditions de son accomodement. Milord Carteret me promit en mesme tems que la médiation de la France seroit stipulée d'une manière convenable, et qu'on se contenteroit d'inviter l'Empereur à entrer dans la médiation des mesmes traittés, si l'on portoit au congrès de Brunswich ce qui pourroit regarder les affaires de l'Empire. C'estoit précisément l'exécution des ordres de M. le Régent ; mais il y avoit une difficulté, les articles préliminaires et les principales conditions du traitté avec l'électeur de Hannower avoient été signés dès le mois de juillet 1719, sans aucune mention de la France, quoyque le Roy eût réellement ménagé le traité de Berlin ; pour remédier à cet inconvénient et vaincre l'obstination de M. Bassewitz, ministre d'Hannower, milord Carteret me proposa de dresser un article séparé par lequel la convention du mois de juillet seroit confirmée et consommée.

4*

J'envoyay le projet de cet article à M. le Régent; il l'aprouva pour l'essentiel; il remarqua seulement sur la forme qu'il n'estoit guères possible de supposer que la médiation du Roy fût intervenue dans des conditions réglées sans son expresse intervention, et que d'ailleurs celle de l'Empereur ne luy paroissoit pas assez menagée dans les termes;

Que l'on pourroit lever la première difficulté en disant seulement que S. M. ayant préparé par ses offices les voyes à la paix, il auroit esté fait entre les couronnes d'Angleterre et de Prusse d'une part, et celle de Suède de l'autre, des conventions pour régler leurs intérêts et servir de fondement aux instruments solennels, et que ces conventions, ainsy que les traittés en forme ménagés et conclus par les offices, et sous la médiation du Roy, seroient aussy garantis par S. M., et qu'à l'égard de l'article qui regardoit l'intervention de l'Empereur, on pourroit le suprimer entièrement, ou le suposer comme s'il intervenoit dans l'acte, ou encore faire une invitation à ce prince en des termes décents, ainsy que milord Carteret le proposoit; le second de ces deux partis avoit paru d'autant plus convenable qu'on avoit résolu de tout conclure et signer à Stockholm, indépendamment du congrès de Brunswick; que je devois agir sur ce fondement, et mettre toute mon attention à ce que la couronne de Suède ne fût pas entièrement dépouillée de ses provinces d'Allemagne, parce que, comme je l'avois observé moy-mesme, l'honneur du Roy seroit trop intéressé dans un événement si contraire aux anciennes maximes de la couronne, et qu'il vaudroit mieux au pis aller que la Suède perdît quelque chose du costé de la Norvége.

Tandis que d'un costé je traittois ces différentes matières avec milord Carteret, de l'autre j'encourageois en secret les Suédois à tenir ferme sur l'article de la médiation qui leur estoit si essentiel, et sur celuy de *Stralsund*, de l'isle de *Rugen* et de la ville de *Wismar*, qu'on leur insinuoit de céder au roy de

Prusse pour une somme d'argent, appas contre l'avidité duquel j'ay souvent eu à combatre avec les Suédois, disposés pour la plupart à sacrifier pour de l'argent ces misérables, mais très-importants restes de leurs possessions en Allemagne, à l'abry de la promesse illusoire du roy de Prusse de se joindre à la Suède contre le Czar, ce qui estoit le plus éloigné de sa pensée.

Milord Carteret convint avec moy que la médiation du Roy seroit énoncée dans tous les traittés qui se concluroient à Stockholm pour faire sa cour, disoit-il, à S. A. R. Il ne fut pas si facile sur l'article de Stralsund et de Rugen, dont la cession estoit fortement soutenue par le ministère d'Hannower. Il se rendit enfin aux raisons que je luy déduisis pour luy faire comprendre que dans le temps que le Roy et M. le Régent aportoient tous leurs soins à la satisfaction entière du roy d'Angleterre, ce prince de son costé et ses ministres ne devoient en aucune manière exiger de la Suède des choses qui seroient non-seulement contraires à l'honneur de Sa Majesté, mais encore directement opposées au but qu'on se proposoit de ne pas laisser affaiblir la couronne de Suède au point qu'elle fût à l'avenir entièrement inutile à ses alliées, et dans le danger de devenir la conqueste de ses voisins, ce qui ne pouvoit mesme convenir à l'Angleterre par rapport à son commerce dans la mer Baltique, et aux vues que la Cour de Vienne pourroit avoir au préjudice de la paix de Westphalie, dont le roy de la Grande-Bretagne alloit devenir garant, conjointement avec Sa Majesté; car cette condition faisoit partie de l'article deuxième de la convention du 22 juillet 1719.

Milord Carteret entra d'assez bonne grâce dans ces représentations; il me promit que dans les conférences il parleroit faiblement, et seulement pour ménager M. de Bernsdorf, chef du ministère honnowerien, de la cession de Stralsund et de l'isle de Rugen, qu'il trouveroit mesme bon que je m'opposasse vivement à cette cession, mais qu'à l'égard de la ville de Wismar, il ne croyoit pas qu'on pût disposer le roy de Dannemarck à la paix, sans la promesse de l'abandon de cette place, de la cession du Sleswich, du peage du Sund, et de quelques terres du costé de la Norvége, sans quoy il ne seroit pas possible d'obtenir la restitution de Stralsund, de l'isle de Rugen et de la forteresse de Maestrand, près de Gottembourg, dont les Danois s'estoient nouvellement emparés.

Je feignis d'ignorer la fausseté de cette prétendue confidence, très-assuré que les Anglois procureroient eux-mesmes la restitution de Maestrand, qui importoit à leur commerce, et qu'à l'égard de Wismar, les Danois ne l'avoient démantelé que dans la persuasion qu'elle ne leur resteroit pas; mais M. 'de Bernsdorf la convoitoit comme un objet aussy convenable à la cupidité qu'à l'ambition qui le portoit à devenir prince de l'Empire.

J'estois informé par de bons souterains de toutes ces menées secrètes; j'en rendis compte à la Cour, mais soit qu'on les jugeât peu fondées, ou qu'on eût pris des mesures avec les ministres anglois pour en empêcher l'effet, l'on m'ordonna de n'en rien témoigner, d'en suivre seulement les traces à tout événement, de procurer la restitution de Stralsund et de l'isle de Rugen, et qu'à l'égard de l'intervention du roy d'Angleterre dans la garantie des traittés de Westphalie, on y avoit pourvu; que quoyque son Altesse Royale pût sans difficulté, et sans s'exposer à aucun juste reproche, engager le Roy à la garantie de tout ce qui se réduiroit aux stipulations des traittés de Westphalie, elle avoit regardé comme une nouvelle marque de l'amitié du roy d'Angleterre l'attention que ce prince vouloit bien avoir de luy faire dire que l'article qui regardoit la religion protestante, et qui estoit nécessaire à d'autres égards, ne seroit pas compris dans le traitté en forme que le Roy devoit garantir, et qu'il en seroit fait un article séparé avec quelques réserves sur ce qui

regardoit le duché de Sleswick et la ville de Wismar. Que quoyque dans d'autres circonstances on pût regarder cette intervention de l'Angleterre comme une nouveauté qui pourroit
avoir ses inconvénients, l'expérience avoit fait connoître depuis
longtemps que ce titre n'avoit pas donné à la France autant de
part.

FIN.

Paris.—Imprimerie de Wittersheim, 8, rue Montmorency.

MAISON DE CAMPREDON

A l'époque où nous imprimions ce mémoire nous n'étions pas suffisamment éclairé sur l'origine et la famille de l'auteur, et M. Frantin, de Dijon, lui-même, à qui le public est redevable de cette pièce, ne sembloit pas en avoir su beaucoup plus que nous. On nous permettra de revenir sur un document qui jette de si vives lumières sur Charles XII et Pierre-le-Grand, ces deux héros du nord dont Voltaire nous a donné le profil, et de placer ici les notions que nous avons pu recueillir depuis sur notre auteur et sa famille.

La maison de Campredon, aussi illustre par l'ancienneté de sa noblesse que par ses nombreux services aux deux couronnes d'Espagne et de France, tiroit son nom d'une petite ville du Lampourdan en Catalogne (1). Les comtes de Campredon qui figurent avec honneur dans les guerres des rois de Castille et de Léon contre les Maures, portoient pour armes : *De gueule à trois besans d'argent, timbré d'un casque couronné d'une couronne de comte, assorti de ses lambrequins d'argent et de gueule;* pour support, *deux léopards couronnés d'or.*

---

(1) Cette ville, avec un château assez fort au pied des Pyrénées, aux frontières de France et du comté de Roussillon, fut prise deux fois, en 1689 par les François, qui en ruinèrent les fortifications, puis en 1719 par le marquis de Fimarcon durant le siége de Saint-Sébastien par le maréchal duc de Barwick. — Elle est surtout célèbre par son ancienne abbaye de Bénédictins non réformés.

Nous dirons peu de chose des comtes de Campredon d'Espagne, bien que leur origine se perde dans les âges les plus reculés de la monarchie. Antonio de Campredon, par qui les généalogistes débutent, épousoit en 1224 l'héritière de la maison de Cisnentès de Tolède, ce qui prouve surabondamment qu'il n'étoit point le premier de sa race.

Au XVI⁰ siècle, les Campredon se divisent en deux branches, et nous ne prendrons la descendance qu'à partir de Jacques IV de Campredon, qui, se séparant du tronc, resté en Espagne, s'en vint en France dans la première moitié du XVI⁰ siècle. Les questions religieuses étoient entrées sans doute pour quelque chose dans sa détermination, puisque nous voyons son fils, Jean de Campredon, embrasser nettement le parti de la réforme et prendre service et parti dans les troubles du Languedoc, sous le règne des Valois, ce qui, d'après les mémoires que nous suivons, le brouilla avec son frère Don Antonio, comte de Campredon.

C'est de ce Jean de Campredon qu'est précisément issu l'auteur du *Mémoire sur les négociations du Nord,* et voici par quels degrés nous arrivons à lui. — Jean de Campredon épousa, le 14 juillet 1549, demoiselle Alix de Bagards, dont il eut :

1° Jacques de Campredon, qui continua la postérité; — 2° Joseph de Campredon, qui exerça le ministère, et Jean et Antoine, morts dans les guerres de religion, « car dans ce temps là, » nous disent nos mémoires, « les luttes pour les opinions religieuses furent si acharnées et si cruelles qu'il se commit dans le pays plus d'actions barbares et sacriléges que les Goths, Huns, Vandales et Wisigoths n'en ont jamais fait. L'église et la noblesse souffrirent de grandes destructions : quantité d'illustres familles de l'un et de l'autre parti y périrent, et d'autres en non moins grand nombre furent réduits à la plus profonde misère. »

Cependant, Don Antonio de Campredon, dont nous avons parlé plus haut, resté fidèle aux traditions de famille et au sol natal, étoit mort sans postérité au mois de juillet 1550, à l'âge de quarante-six ans. Jean de Campredon, bien qu'émigré, réclama l'héritage fraternel et se rendit même à Campredon pour y faire valoir ses droits et recueillir les biens à lui échus par la mort de son aîné. Mais il y trouva de si grandes oppositions, fondées principalement sur son changement de religion, qu'il revint en Languedoc sans en avoir rien obtenu. On sait que cet état de choses se prolongea pour les religionnaires jusqu'au règne de Henri IV, c'est-à-dire à la promulgation de l'édit de Nantes en 1599.

JACQUES V de Campredon, fils de Jean de Campredon et d'Alix de Bagards, pousa, le 5 janvier 1590, demoiselle Jeanne Lenoir de la Roque, qui avoit pour armes *d'argent à une hure de sanglier de sable.* Il en eut Jacques, qui suit : Pierre, Estienne et Suzanne de Campredon, tous trois morts jeunes ou sans alliance.

JACQUES VI de Campredon, capitaine au régiment d'infanterie du marquis de Sey et sergent de bataille, épousa, le 1ᵉʳ novembre 1630, Judith de Durand, qui portoit *d'azur à trois coquilles d'or.* Il en eut Jacques de Campredon, septième du nom, qui suit : David, marié à demoiselle Marie de Joussaud (sans enfants) et Marie, mariée au sieur Etienne Flavard, avocat au Parlement de Toulouse.

Jacques VII de Campredon épousa, le 20 mai 1664, en premières noces, demoiselle Anne Marie de Durand, qui portoit *d'azur à trois coquilles d'or*, et quelquefois, sans doute pour se distinguer des autres membres de sa famille, *d'argent au chevron de gueule allaisé, accompagné de trois coquilles de sable;* en secondes noces, demoiselle Marguerite de Hermezel, qui portoit *d'azur à trois glands d'or posés en poire, celui de la pointe renversé.* — Du premier lit naquirent Jacques VIII

du nom, Rose, Anne et Madeleine de Campredon'; du deuxième
lit, Philippe de Campredon.

C'est ce Jacques VIII de Campredon auquel les actes donnent
le titre de *baron de Passavant*, qui, né en 1672, devint résident pour le Roi en Suède, et écrivit le mémoire qu'a précédemment publié le *Cabinet historique*. L'auteur de l'*Histoire
de la diplomatie en France* résume en ces quelques lignes les
services que rendit Campredon : « Charles XII ayant été tué au
siége de Friedrischshall, le 11 décembre 1718, son trône
ébranlé étoit passé à la Royne Ulrique Éléonore. La France,
toujours affectionnée envers la Suède, se porta pour médiatrice
entre elle et ses ennemis, et leur fit sentir quils n'avoient
rien à redouter ni de l'épuisement de la nation suédoise, ni
du caractère de sa souveraine. » En conséquence, par la dé-
marche du Résident de France en Suède, M. de Campredon,
la paix fut conclue à Stockholm entre la Reine de Suède et le
Roy d'Angleterre, comme électeur d'Hanovre, le 28 novembre
1719. Un traité de paix fut également signé le 21 janvier 1720
à Stockholm, entre la Suède et la Prusse ; celle-ci s'engageant
à ne donner aucun secours au Czar, qui paroissoit méditer une
attaque contre la Suède, sous prétexte des droits héréditaires
du duc de Holstein. — M. de Campredon et lord Carteret,
ambassadeur d'Angleterre, furent médiateurs de cette paix. —
Les mêmes ministres ménagèrent la paix entre la Suède et le
Danemarck, laquelle fut signée le 3 juin 1720.—Ces deux traités, qui portent la signature de Campredon, sont insérés tex-
tuellement au *Corps universel de diplomatique*, de Dumont
et Rousset, où les curieux pourront les lire.

C'est pendant sa mission en Suède, c'est-à-dire le 26 octobre
1711, que M. de Campredon épousa à Stockholm damoiselle
Adrienne Cornelie, baronne de Rude-Drakenstein, née en
février 1689, et qui portoit *d'argent à deux fasces de sable*,
et nous savons que de ce mariage sont issu   Marie-Sophie de

Campredon, née à Stockholm le 6 septembre 1712 et Jacques IX de Campredon, né pareillement à Stockholm en février 1714, lequel a dû continuer la postérité, car nous voyons, à plusieurs reprises, dans l'histoire les de Campredon se signaler dans les hauts emplois et sur les champs de bataille. Le noble martyrologe que publie le *Cabinet historique* sous le titre de l'*Impôt du sang* donne à ce nom les deux mentions suivantes :

« Le sieur de Campredon, capitaine au régiment de la Jarre, tué en Canada, à l'affaire de Carillon, en 1758.

« Le sieur de Campredon, lieutenant de vaisseau, tué dans le combat du comte d'Estaing contre l'amiral Biron, près de la Grenade, le 6 juillet 1779.

En voilà plus qu'il ne faut pour prouver que les de Campredon ont bien mérité de la France, et que, jusque dans ces derniers temps, ils ont noblement porté le nom illustré par leurs aïeux.

Pour dire encore quelques mots de l'auteur du *Mémoire sur les négociations du Nord,* nous ferons remarquer que M. de Campredon fournit sur lui-même d'intéressantes notions, et son début peut suppléer au silence des biographes.— « Je puis dire, écrit-il en tête de son récit, avoir esté élevé dans le maniement des affaires étrangères. Je suis entré dans cette carrière à l'âge de vingt ans, ayant servi de secrétaire d'ambassade depuis 1694 en Danemarck et en Hollande auprès de M. de Bonrepos. Pendant un voyage qu'il fit à la cour en 1698, il me laissa à la Haye, chargé des affaires du Roy, conjointement avec M. le marquis de Bonac, son neveu. »

Nous n'avons pas eu occasion de dire que MM. de Campredon étoient depuis quelque temps rentrés dans le sein de l'Église catholique. L'auteur s'en exprime lui-même en termes formels : « J'estois à Stockholm le seul catholique : je fis venir un aumônier sachant le françois et l'allemand, ma chapelle devint bientôt une église ouverte à tous les étrangers. »

La Bibliothèque impériale, qui n'a point les négociations de Campredon, s'est pourtant enrichie de précieux documents qu'elle doit à ce diplomate. En parlant de l'adresse avec laquelle il parvint à éclairer les démarches des envoyés des puissances étrangères près le roi de Suède et à voir toute la correspondance diplomatique, il ajoute : « J'eus par le même canal et avec une dépense très-modique pour le roy, les minutes de presque toutes les lettres du fameux chancelier Axel Oxenstiern, contemporain du cardinal de Richelieu, écrites de sa main, et M. le marquis de Torcy me fit l'honneur de me marquer que ce manuscrit tiendroit une place distinguée dans la bibliothèque du Roy. J'envoyay aussy les copies de tous les traités secrets de la Suède avec les autres puissances, ce qui rendit mon employ intéressant, » etc... (P. 16.)

C'est aux préliminaires de ces traités que s'arrête le *Mémoire* publié par le *Cabinet historique*, mais là ne se bornèrent pas les services de l'auteur.

La lutte entre la Suède et la Russie n'étoit point terminée, et la mort de l'aventureux Charles XII n'avoit fait que confirmer le Czar dans l'ardente soif de se venger et de s'agrandir au détriment de la Suède. Le commencement de l'année 1720 trouva Pierre-le-Grand au milieu de préparatifs extraordinaires pour une nouvelle campagne. C'est en ces circonstances que M. de Campredon eut mission du cabinet de Versailles de se porter en Russie le médiateur entre les deux puissances rivales. Il eut à représenter au Czar comment, par suite des négociations précédentes, la Russie se trouvoit réduite à la nécessité de soutenir à elle seule la guerre contre une puissance désormais assurée du secours de la flotte angloise, protégée par les rois de **Prusse** et de **Danemark**, et d'autre part en termes d'arrangement avec la Pologne.

Le *Journal de Verdun*, dans son numéro de *mai* 1721, parlant de la mission de Campredon, s'exprime ainsi : « M. de Cam-

predon, envoyé extraordinaire de France à la cour de Suède,
s'étant rendu à Pétersbourg, il eut sa première audience particulière du Czar le 23 février, qui le gracieusa beaucoup. Ce ministre est chargé d'un plein pouvoir de la part du Roi très-
chrétien son maître, pour faire les fonctions de médiateur
entre Sa Majesté czarienne et le roy de Suède, pour tâcher de
parvenir à un accommodement. On étoit convenu de tenir une
assemblée à Nystadt, en Finlande, où l'on commencera par
régler une suspension d'armes entre ces deux puissances, qui
pourra être suivie d'un traité de paix, si l'on peut obtenir de
la part du Czar quelque relâchement de ses prétentions, et, de la
part de la couronne de Suède, quelque satisfaction pour le duc
de Holstein. Le Czar a nommé pour ses plénipotentiaires à cette
assemblée le général Brun et le baron Osterman. La couronne
de Suède a nommé pour les siens le comte de Leliensted et
M. de Stromfeld; mais cela n'a pas suspendu l'armement qu'on
fait de part et d'autre dans les deux Estats (1). »

Et l'année suivante, sous la date de janvier 1722, le même
recueil contient cette autre mention :

« M. de Campredon, envoyé de France en Suède, retourna à
Saint-Pétersbourg le 20 octobre avec les commissaires suédois
qu'on y a envoyés pour régler avec ceux du Czar l'évacuation
des places de Finlande qui doivent être restituées à la couronne
de Suède, et pour faire planter des limites dans les endroits
convenus par le traité, ce qui n'a pas pu s'exécuter avant que
la terre en ce païs-là ait été couverte de neige, mais on pourra
dans le cabinet y travailler sur les cartes topographiques des
lieux. » (P. 51.)

Pour ne rien négliger de ce qui peut contribuer à l'autorité
du témoignage de l'auteur du *Mémoire*, voici quelques extraits

(1) *La Russie au XVIII⁰ siècle*, volume récemment publié par M. le
prince Aug. Galitzin, et dont nous avons parlé précédemment, confirme en
tous points cette médiation de la France par le ministère de Campredon,
et le nom de ce diplomate revient souvent dans les récits de l'analiste.

de lettres de M. de Bonnac à M. de Torcy, de l'année 1702, et
qui montrent le rôle que jouoit déjà à cette époque M. de Campredon dans la diplomatie européenne. — Ces lettres font partie du *Suppl. franç.*, vol. 4440. Nous ne doutons pas qu'avec
quelques recherches on ne parvînt à le suivre dans ses diverses
négociations et à compléter les notions qu'on a sur lui et sur
les affaires importantes auxquelles il prit part.

1. M. de Bonnac a M. le marquis de Torcy.

De Riga, le 2 février 1702.

J'ay cru devoir profiter du séjour que le dégel obligera le roy de
Suède de faire malgré luy à Coldinger pour faire savoir au comte
Piper ce qu'on dit de la conclusion de ce traicté, et découvrir, si
je puis, si cette nouvelle ne donnera pas quelque dégoût au roy
de Suède contre l'empereur et les Hollandois, et, si cela est, en
profiter pour le déterminer à prendre des engagements avec
nous. J'envoye pour cet effet le sieur de Campredon à Coldinger et je lui donne une lettre pour le comte Piper. Si ce ministre reçoit comme il doit l'avis que je luy donne, il facilitera
luy-même au sieur de Campredon les moyens de demeurer au
quartier du roy de Suède, et quand il ne voudroit pas entrer en
matière sur ce qu'il lui dira, il pourra faire entendre au sieur
Cedershielin, son secrétaire, qu'il seroit bon qu'il ne s'écartât pas
jusques à ce que j'eusse pu recevoir les ordres du roy sur la
proposition qu'il a faite au sieur Desmarests au sujet du comté
de Weldentz. Car ce que le roy peut avoir dessein de faire pour
la Suède estant très-difficile à négocier par écrit, il me semble
que ce seroit beaucoup gagner si nous pouvions avoir quelqu'un
à sa suite. J'ai déjà tenté une fois inutilement d'y laisser le
sieur de Campredon. Il faut espérer que je seray plus heureux
dans cette seconde tentative....

2. M. le marquis de Bonnac au roy.

A Riga le 16ᵉ février 1702.

Sire, si lorsque j'ay envoyé le sieur de Campredon, mon secrétaire, pour tacher de joindre et de suivre le roy de Suède,
j'eusse esté informé qu'il avoit fait entendre au prince de Saxe-Gotha et au sieur Klinkenstroom qu'il ne vouloit pas qu'ils le
suivissent dans son expédition en Pologne, et qu'il les avoit

congédiés, je n'aurois pas pu me flatter qu'il eût voulu souffrir à sa suite mon secrétaire. Cependant j'aurois cru devoir hasarder le voyage que je luy ay fait faire, qui a produit un bon effect en ce qu'il a jeté des doutes dans l'esprit des Suédois sur l'opinion que l'empereur, les Anglois et les Hollandois s'efforcent de leur donner de leurs bonnes intentions pour les intérêts du roy de Suède.

3. Du même a M. de Torcy.

A Riga, le 2 mars 1702.

.... J'espère aussy que vous voudrez bien me faire expédier une ordonnance pour le remboursement de deux voyages que j'ay fait faire au sieur de Campredon à l'armée du roy de Suède.

4. Du même au roy.

A Riga, le 16e mars 1702.

.... On me marque que la lettre que j'avois écritte au comte Piper en luy envoyant le sieur de Campredon a produit un bon effet, et jetté dans l'esprit du roy de Suède des soupçons contre les Hollandois....

5. M. de Torcy a M. le marquis de Bonnac.

2 mars 1702.

Je vous envoie la dépesche du roy qui vous informera des intentions de Sa Majesté sur ce que contenoit votre dernière lettre. M. de Bonrepaus m'a proposé d'envoyer le sieur de Campredon à Stockholm au lieu de Bogu; je crois qu'on ne peut mieux choisir, s'il ne peut suivre le roy de Suède.

6. M. le marquis de Bonnac au roy.

A Riga, 6e avril 1702.

.... Je ne prendray la liberté d'escrire aujourd'huy aucune nouvelle de l'armée du roy de Suède à Votre Majesté. Celles que le sieur de Campredon escrira devant estre plus promptes et plus seures. Je l'aurois fait passer à Stockolm comme M. le marquis de Torcy m'en a donné l'ordre, mais il ne s'est trouvé encore aucune commodité pour ce trajet; ainsi le voyage que je lui ay fait faire ne retarde point son départ pour cette ville.

7. Du même au roy.

A Riga, le 16 avril 1702.

.... Les dernières nouvelles qu'on a du roy de Suède ne se rapportent seulement qu'en ce qu'elles disent que ce prince est avancé et marche droit à Varsovie. On parle d'une action qui s'est passée entre ses troupes et celles de Lituanie.... Le sieur de Campredon, qui doit être présentement sur les lieux, n'aura pas manqué d'escrire à M. le marquis de Torcy ce qui en est...

8. Du même a M. le marquis de Torcy.

Du 20e avril 1702.

J'espère que la lettre que le sieur de Campredon s'est donné l'honneur de vous escrire de Kovno, vous aura esté rendue ; cela n'empêche pas de vous répéter ici les mêmes choses. Il y est de retour depuis hier au soir, et je le ferois passer incessamment à Stockholm.

9. Du même a M. le marquis de Torcy.

Du 27e avril 1702.

.... J'ay fait partir le sieur de Campredon pour Stockholm par une commodité qui s'est présentée ;.... et je ne doute pas qu'il ne soit présentement arrivé dans cette ville. Il commencera par vous rendre compte de l'estat où il trouvera les choses et de la disposition présente des sénateurs, et il attendra les ordres qu'il vous plaira lui donner pour les exécuter.

10. M. le marquis de Torcy a M. de Bonnac.

Du 13 may 1702.

J'ay reçu la lettre que vous avez pris la peine de m'escrire le 20 du mois dernier, et en même temps celle du sieur Campredon, dattée du 15 du même mois. Il rend un bon compte de son voyage ; mais il paroît que le roy de Suède est toujours dans le même éloignement de tout ce qui a rapport à la négociation....

Enfin nous clorons ces recherches et citations par cet extrait du dossier des Campredon, qui se trouve au *Cabinet des titres* de la Bibliothèque impériale, et qui justifie ce que nous avons dit des alliances de la branche françoise des de Campredon.

1. Contract de mariage de noble Jacques de Campredon, ecuyer, fils de noble Jean de Campredon. écuyer, seigneur dudit lieu, et de demoiselle Alix de Bayars, ses père et mère, assisté dudit sieur son père, accordé le 15 janvier 1590, avec demoiselle Jeanne le Noir, fille de noble Guillaume le Noir, seigneur de la Roque. et de demoiselle Marguerite le Gras, ses père et mère, font donation de la moitié de tous les biens à un des enfans à naître dudit mariage. Ce contract, passé en la ville de Castres, presens noble Jean de Greffeulhe et Jean de Mombore, ecuyers, dudit Pierre de Marty, notaire royal de Préhandre, fut délivré pour copie collationnée à l'original le 13 mars 1697, par Jean Muse, notaire royal de Mont-le-Duc, légalisé par David de la Rivoyre, conseiller du roy et son procureur au senechal de la ville et comté de Castres, représenté par copie collationnée à celle cydessus, signée Cleix, conseiller secrétaire du roy, M. C. de France et de ses finances.

2. Brevet de sergent major au régiment du marquis de Sy, donné par Bernard, duc de la Valette, pair et colonel général de France, étant à Metz le 4 octobre 1627, au capitaine de Campredon; ce brevet, signé : — *le duc de La Vallette:* — *plus bas:* par mondit seigneur Therouenne, et scellé représenté par copie collationnée à l'original, signée Cleix, conseiller secretaire du roi, etc.

3. Contract de mariage de noble Jacques de Campredon, ecuyer, seigneur dudit lieu, fils de noble Jacques de Campredon, écuyer, et de demoiselle Jeanne le Noir, ses père et mère, d'eux assisté, acordé le premier novembre 1630 avec demoiselle Judict de Durand, fille de noble David de Durand, écuyer, et de demoiselle Jeanne de la Fage, de la ville d'Anduse et d'eux assistée, font donation de la moitié de tous leurs biens à un des enfants mâles à naître de leur mariage; ce contract, passé en la ville de Castres, en présence d'Abel et Isaac de Durand, Guillaume de la Fage, bourgeois de la ville d'Anduse, dudit Guillaume Marty, notaire royal de Prehandre, delivré pour copie collationnée à l'original, le 13 mars 1697, par Jean Muse, notaire royal le Mont-le-Duc, et legalisé, représenté par copie collationnée à ladite copie, signée Cleix. conseiller, notaire et secrétaire du roy, etc.

4. Extrait du registre des baptêmes de l'église réformée de la ville d'Anduze, portant que Jacques de Campredon, escuyer, fils de noble Jacques de Campredon, escuyer, et de demoiselle Judith de Durand, ses père et mère, naquit le 23 octobre et fut

baptisé le 3 novembre 1646 : le parrain, noble Jacques de Campredon, son grand-père, la marraine, demoiselle Jeanne de la Fage, sa grand'mère. Cet extrait, délivré le 4 mars 1665, signé Rossel, pasteur de ladite église, représenté par copie collationnée audit extrait, signé Cleix, conseiller, secrétaire du roy, etc.

5. Extrait du registre des baptêmes de l'église P. R. d'Issurtile en Bourgogne, M° Jean Durant étant ministre, portant que Jacques, fils de sieur Jacques de Campredon, sieur de Passavant et de demoiselle Anne-Marie Durant, naquit le 7 et fut baptisé le 29 juin 1672 : la marraine, demoiselle Anne d'Aussy, femme dudit Durant, ministre dudit lieu. Cet extrait, délivré le 1er septembre 1724, signé Michel, curé d'Issurtile, et légalisé (1).

6. Traité de mariage de sieur Jacques de Campredon, escuyer, seigneur de Passavant, conseiller du roy en ses conseils, résident de S. M. Très-Chrétienne à la cour de Suède, fils du sieur Jacques de Campredon, escuyer, seigneur de Passavant, et feue dame Anne-Marie de Durant, ses père et mère, accordé le 11 avril 1711, avec Adrienne-Caroline Van Reede, demoiselle de Drakenstein, fille de deffunt sieur Godard Van Reede de Drakenstein et de Cornélie-Antoinette de Reswar, ses père et mère, assistée de dame Floremine Reede de Drakenstein, sa sœur, femme de sieur Henry Jacques Hildebrand, cydevant conseiller au tribunal de Wismar. Cet acte, passé à Stockolm, signé des parties et scellé du cachet de leurs armes, fut par eux déposé le 20 avril 1718 à le Meignen, notaire au Châtelet de Paris, et par luy délivré par copie collationnée à l'original ledit jour, signé Patu et le Meignen.

7. Arrêt du conseil d'Etat du roy, tenu à Versailles le 24 septembre 1723, par lequel Jacques de Campredon, escuyer, sieur de Passavant, Lironcourt et Vaugecourt, envoyé par le roy à la cour de Suède et à celle de Moscovie est maintenu dans sa noblesse et est ordonné qu'il sera inscrit dans le catalogue des nobles du royaume, en conséquence des titres qu'il avoit représentés pour justifier sa noblesse depuis l'an 1550. Cet arrêt, est signé Fleuriau et scellé du grand sceau de cire jaune.

(1) Il suit de cet extrait que l'auteur du *Mémoire sur les Négociations du nord* étoit né calviniste. On peut donc conjecturer que l'abjuration de la famille ne date que de l'époque de la révocation de l'édit de Nantes.

Paris. Imp. Pillet fils aîné, rue des Grands-Augustins, 5.

CABINET HISTORIQUE

REVUE MENSUELLE. — 9e ANNÉE.

Le Cabinet historique paroît tous les mois, du 25 au 30, par cahiers de 3 à 3 feuilles et demie, ou 48 à 56 pages, texte historique et catalogue, contenant l'indication de 300 manuscrits environ.

PRIX DE L'ABONNEMENT :

Pour PARIS... 12 fr.
Pour les DÉPARTEMENTS...................... 14 fr.
Pour L'ÉTRANGER, le port en sus.

Aucune livraison ne peut être vendue séparément.

Le directeur du Cabinet historique rappelle à MM. les gens de lettres, bibliothécaires et archivistes des départements et de l'étranger, qu'il est à leur disposition pour toute espèce de recherches à faire et de renseignements à prendre dans les bibliothèques et dépôts littéraires et publics de Paris.

Il se charge également de la recherche des titres de noblesse et de l'histoire généalogique des maisons et familles nobles ou illustres de l'ancienne France.

La transcription de manuscrits, collationnée et certifiée conforme, est fixée à 1 franc le rôle de 50 lignes.

On traite de gré à gré pour la copie de documents en langue étrangère, pour la reproduction de dessins, vignettes enluminées, cartes et blasons, dont la parfaite exécution est garantie — et pour les travaux de rédaction (*Notices historiques, biographiques, généalogiques*, etc., etc.).

Il est prélevé un droit de 10 francs pour la recherche des documents héraldiques. — Sont exceptés de ce droit les abonnés du Cabinet historique.

Paris. Imprimerie Pillet fils aîné, rue des Grands-Augustins, 5.